La Virgen de Regla

Y

Yemayá

LA VIRGEN DE REGLA

Y

YEMAYA

UΦ

Miguel A. Sabater Reyes

Library of Congress Control Number: 2015930040

ISBN-13: 978-1501013133

ISBN-10: 1501013130

Título: La Virgen de Regla y Yemayá

Autor: Miguel A. Sabater Reyes

Maquetación: Armando Nuviola

Publicado por Editorial Unos&OtrosCultural

Diseño de portada: Armando Nuviola

http://www.unosotrosculturalproject.com/

infoeditorialunosotros@gmail.com

Made in USA, 2014

© Miguel Sabater Reyes, 2014.

Agradecimiento al artista plastico

Luis Miguel Rodriguez (**http://www.arteluismiguel.com/**),

por su colaboración con su obra

"Yemaya", para la portada

A mi pueblo de Regla, donde nací y crecí, en cuyas calles aún me veo en mis recuerdos.

A su Virgen titular, Nuestar Señora de Regla, protectora de todos mis días.

INDICE

Grabado litográfico de Federico Mealhe «Iglesia y camino de Hierro»« 1841».
Donde se puede apreciar La Iglesia de Nuestra Señora de Regla

INTRODUCCIÓN

En 1995 soñé que yo estaba en el templo del santuario de Nuestra Señora de Regla en La Habana, cuando ví que su imagen descendía desde el techo hasta que se detuvo frente a mí. Yo miraba a sus ojos y me daba la impresión de que ella me miraba inquisitivamente .

Algunos días después comencé a hacer un plan para escribir esta monografía que recoge la historia del culto de Nuestra Señora de Regla, desde sus orígenes en África, luego en España y más tarde en Cuba, sin dejar de considerar la identificación que los africanos introducidos en la Isla durante la etapa colonial, hicieron de esta advocación católica con Yemayá.

Durante el proceso investigativo logré consultar una considerable cantidad de documentos de archivos, de material bibliográfico y periodístico, que me permitieron conocer la evolución del culto de una de las advocaciones más veneradas en la religiosidad popular cubana, desde sus orígenes en La Habana en 1687 hasta nuestros días.

A pesar de que el origen onírico del libro tuvo un halo metafísico, pues parecía la revelación de que la Virgen me sugería que escribiera sobre ella «es lo que pensé que me pedía durante el sueño mientras la imagen y yo nos mirábamos fijamente», mis propósitos fueron reconstruir el proceso histórico del culto de la Virgen de Regla, cuya devoción popular también la venera como Yemayá.

Para explicar este fenómeno socio religioso he analizado las particularidades del contexto histórico en el que se fue desarrollando este proceso devocional católico y sincrético del culto a Nuestra Señora de Regla, en el que se interrelacionan factores étnicos, religiosos y culturales hispanocubanos y africanos.

El libro fue terminado en 1996 pero nunca sino hasta hoy seria publicado. Durante esos dieciocho años retome su revisión en varias ocasiones, lo cual me permitió comentar nuevos aspectos sobre el tema y precisar otros.

Agradezco a todas las personas que me ayudaron de un modo o de otro para realizarlo. Una de ellas fue la notable santera Aurelia Mora, residente de Regla, a quien, en mis pesquisas investigativas, conocí cuando ella tenía 103 años de vida y 84 en la Regla de Ocha, y era la persona que más años tenía de iniciada en Yemayá.

Agradezco también la valiosa cooperación del Presbítero Ángel Pérez Varela, quien durante más de 40 años fue párroco del Santuario de Regla e historiador del culto de la Virgen de Regla y de la Iglesia en Cuba.

Miguel A. Sabater Reyes
Miami
Verano de 2014

1

ORIGEN Y EVOLUCION DEL CULTO DE NUESTRA SEÑORA DE REGLA Y SU SANTUARIO EN LA HABANA

L a presencia de la Iglesia católica en Cuba debe sus orígenes a la conquista y colonización del territorio por la Corona Española.

En 1513 Diego Velázquez solicitó al Rey Fernando el Católico la creación de un obispado para la Isla de Cuba, que se fundaría cinco años después con el nombramiento del Obispo Bernardo de Mesa en 1516 por disposición del Rey Carlos I.

La inestabilidad de la colonización durante el siglo XVI determinó la exigua presencia de la Iglesia en la Isla.

El siglo XVII sin embargo manifiesta un progreso paulatino de las instituciones católicas notable en la permanencia de los obispos nombrados, la erección de nuevas y numerosas parroquias, ermitas y conventos y una proyección pastoral mejor definida, todo lo cual propició la inserción de la Iglesia en la sociedad de la época.

El momento más significativo de este arraigo gradual de las instituciones eclesiásticas se alcanza durante el último cuarto del siglo XVII con el nombramiento del obispo Diego Evelino de Compostela y Vélez en 1687.

Compostela proyectó y ejecutó un amplio plan de construcciones de parroquias y ermitas en zonas de fomento agrario, lo cual le permitió a la Iglesia ingresos por conceptos de diezmos para mejorar su situación económica y desempeñar su misión evangélica y sus actividades de asistencia social.

Es en este momento especialmente relevante de la institución que surge el culto de Nuestra Señora de Regla en 1687 a la orilla del puerto de La Habana, el más notable de América por su importancia estratégica para España y de gran confluencia de naves y personas.

La devoción de la Virgen morena en la orilla del puerto no sólo originó un pueblo, sino también significativas tradiciones religiosas y sociales que dejarían sus huellas en la sociedad habanera desde los primeros años del siglo XVIII hasta nuestros días.

Estudiar el culto de esta advocación nos permite acercarnos a una de las devociones marianas más populares de La Habana y conocidas de la Isla, cuyas tradiciones religiosas adquirieron en Cuba rasgos peculiares del fervor cubano.

En este trabajo me propongo reconstruir el origen y evolución del culto de la virgen de Regla. Describiré y comentaré algunas de las tradiciones y hechos notables que acompañan a la tricentenaria devoción popular de esta advocación y su Santuario, que fuera declarado por el Estado cubano Monumento Nacional en 1965.

Para ello me serví de la consulta de diversos materiales bibliográficos publicados, tales como artículos y crónicas; pero sobre todo de numerosas fuentes primarias de archivo, tales como las actas del cabildo habanero, los libros parroquiales del Santuario, expedientes conservados en el archivo de la Arquidiócesis de La Habana y del Archivo Nacional de Cuba.

Considerando que una parte significativa de los devotos de Nuestra Señora de Regla identifican su culto con el de la deidad yoruba Yemayá, hemos preferido tratar en un trabajo independiente este fenómeno socio religioso, sin el cual el presente no pudiera considerarse acabado

La Virgen de Regla. Oratorio de la antigua casa de Marcela
Cardenas en Regla, La Habana, Cuba
Foto: Cortesía Laura Capote Mercadal

2

PRECEDENTES DEL CULTO DE NUESTRA SEÑORA DE REGLA

L a tradición atribuye a San Agustín, obispo de Hipona[1], la existencia de una imagen de la virgen debido a una revelación que tuvo en sueños. Dicha imagen, que se dice la creó morena como la tez de los habitantes de Hipona, no se sabe cómo fue llamada por él. Se refiere que San Agustín la colocó en su oratorio y redactó sus Reglas monásticas inspirado ante su presencia.

Cuando ocurre el ataque de los vándalos a Hipona en julio del año 430 de N.E., la imagen de la virgen de San Agustín fue sacada de la región por discípulos suyos, quienes atravesaron el Mediterráneo y llegaron a un punto no precisado del sur de España. La efigie fue conducida a un monasterio de Andalucía que seguía las reglas de San Agustín, donde permaneció hasta la invasión de los moros, momento en que se decide ocultarla para evitar su profanación.

Cuenta la leyenda que:

---

[1]San Agustín (Aurelius Augustinos). Nació en 354 en Tagaste, Numidia, actualmente ruinas de Suk-Ahras, en Argelia. Murió en Hipona el 28 de agosto de 430.

«Después de ser conquistada Sevilla por el santo rey Fernando III que se apoderó de todas las poblaciones de las margen del Guadalquivir, entre ellas Chipiona, un venerable canónigo de la catedral de León que acompañaba al santo rey, tuvo revelación de que a poca distancia de la villa de Chipiona se hallaba bajo un césped la imagen de la virgen... que había sido venerada no sólo en Andalucía, sino en África. En efecto, la imagen fue encontrada y se le construyó un templo donde volvió a recibir la adoración de primitivos siglos. Los religiosos de la orden de San Agustín fueron los encargados de sostener el culto, porque los canónigos de León no podían dejar la residencia de su catedral.

Así ha subsistido hasta nuestros días este magnífico santuario, al que han procurado a porfía enriquecer los reyes de España. La imagen es muy venerada, especialmente por gente de mar, y muchos siglos ha habido constantemente en la marina española un navío con el nombre de Nuestra Señora de Regla».[2]

Otra versión de este acontecimiento la ofrece el Padre José Martín, religioso franciscano del convento de Chipiona, quien en su libro **Historia de Nuestra Señora de Regla**, destaca:

«Quien descubre la imagen hacia 1330 era un canónigo de la catedral de León. Al descubrirla milagrosamente, tomó el camino de Rota, población cercana, y allí ante el señor del lugar, Don Pedro Ponce de León, logró la cesión de su castillo para iglesia y monasterio. Bien pronto se juntaron a él otros compañeros y se reanudó el culto de la madre de

---

[2]**Imágenes de la virgen aparecidas en España**, por el Conde de Fabraquer. Madrid, 1956. Tomo III pag.395-396.

dios con el nombre de Nuestra Señora de Regla, quizás por haberla tomado de la catedral de León, en donde se veneraba bajo esa denominación.

El culto, después de muchas vicisitudes, ha llegado a nosotros en el lugar conocido por Chipiona, en una iglesia y monasterio hoy día a cargo de los padres Franciscanos».

Son numerosas las referencias que dan testimonio de una gran devoción a la virgen de Regla en Andalucía. El comediógrafo Cuenca, que escribía en el siglo XVI, tenía una pieza teatral titulada **Nuestra Señora de Regla, Fénix de Andalucía.**

Aunque ese texto no se conoce, Ramón de Meraneo lo cita en su **Índice alfabético de comedias y tragedias**, que nos permite suponer la devoción popular que se experimentaba por esta virgen; lo cual se confirma en este fragmento poético:

> ***Bámonos los dos a Cais***
> ***a bé la bigen de Regla***
> ***La más bonita que hay***[3]

El santuario de Nuestra Señora de Regla en Chipiona data de principios del siglo XIV. Desde entonces la imagen de la virgen fue cada vez más venerada. Así lo testimonian sus numerosos exvotos y referencias documentales.

Se conoce que las Casas de Arcos y Medina Sidonia profesaban una singular veneración a Nuestra Señora de Regla. También visitaron esta iglesia Don Juan de Austria, vencedor de Lepanto, e Isabel Segunda.

---

[3] **Índice Alfabético de comedias y tragedias: cantos populares españoles**, por Federico Rodríguez Marín. Sevilla, 1883. pag 151.

La marina de España creó su barco Nuestra Señora de Regla, con lo que dio origen a los Títulos de Castilla Marqués y Duque de Regla.

Se conoce, además, que en el municipio de Proaza, en Oviedo, existe la parroquia Nuestra Señora de Regla de Sograndio; como también otra en Luarca denominada Santa María de Regla de Cadaveo.

La imagen de Nuestra Señora de Regla que existe en la iglesia del convento actual de los padres franciscanos en Chipiona es un fragmento de la escultura original. Solo queda de ella la cabeza y el tronco, ya que los brazos y las manos desaparecieron. Está labrada en madera de cedro. Algunos devotos de la virgen en sus visitas al santuario le extrajeron astillas para llevarlas como reliquias. Para evitar estos actos y proteger la imagen se tomó la medida de cubrir la efigie con una gruesa chapa de plata dejando afuera su cabeza.

El culto a Nuestra Señora de Regla no es exclusivo de España continental. En el siglo XV, en tiempos de la fundación de Santa Cruz de Tenerife, existía una ermita erigida a esta advocación cuya imagen y la de San Telmo fueron estandartes de los hombres de mar

3

EL CULTO DE NUESTRA SEÑORA DE REGLA EN CUBA: IMAGEN Y SANTUARIO

L a tradición atribuye a Manuel Antonio, conocido como El Peregrino, la fundación del culto de la Virgen de Regla en Cuba.

Casi nada se sabe de El Peregrino, de quien se dice que procedía de Lima y ser hombre muy piadoso.

«Digo yo Don Pedro Recio de Oquendo, que por cuanto el hermano Peregrino Manuel Antonio me ha comunicado, que está con gran afecto y voluntad de edificar una ermita a Nuestra Señora de Regla en esta ciudad o puerto de ella, por que ha muchos dias que lo tiene prometido a Nuestro Señor, quien ha sido servido de mover los corazones de muchos moradores del campo a que le ayan ofrecido Boyados y maderas, y otras limosnas, y que aviendo visto la parte mas a proposito para hacerla, el sitio mas a proposito es el de una punta de tierra mia enfrente de un cayo que siñe el mar hasta el embarcadero de Camaco de la vanda que mira a la vanda de Marimelena y también la que siñe el mar assia el embarcadero de Acanu que mira a esta parte de la ciudad: Y yo movido de su buen zelo y que no cese el servicio de Nuestra Señora como dueño que soy de dicho sitio y punta nombrada que es mi voluntad y consentimiento, le doy lisencia y permiso como

dueño de dha punta pueda por lo que a mi toca edificarla sacando la lisencia para dha ermita y que pueda tomar dos cuadros de dha punta para dho efecto en tres de marzo de ochenta y siete años.Pedro Recio».[4]

Según declaraciones del maestro carpintero de la ermita de la Candelaria de Guanabacoa, Francisco del Aguila, en 13 de noviembre de 1713:

«Assistia en ella un hermano ermitaño de cuyo hombre no se acuerda, solo si, que era escultor, y hablando los dos juntos, le dijo el testigo, que de buena gana hiciera y fundara una ermita de Nuestra Señora de Regla en una loma que está en el camino real de dicha villa de Guanabacoa, a lo que respondió él que la hiciera en el cayo de las tierras del ingenio de Camaco, de donde fue dueño el Alguacil Mayor D. Pedro Recio de Oquendo, y pasados algunos días encontró el testigo al mismo hermano Peregrino, quien le dijo que ya tenía licencia por escrito del referido Alguacil Mayor para fabricar la dicha ermita en el referido cayo, la cual le demostró y en efecto la fabricó, por entonces de tapia y guano».[5]

El obispo Morell de Santa Cruz y el historiador José Martín Felix de Arrate coinciden en afirmar, hacia mediados del siglo XVIII, que la ermita erigida por el Peregrino era de guano y que la imagen de Nuestra Señora de Regla que se veneraba en ella era de pincel.

---

[4] Donación de las tierras para fabricar la ermita de Nuestra Señora de Regla. Documento original. Archivo del Arzobispado de La Habana. Legajo 45 de parroquias

[5] Memorias de la Sociedad Económica Amigos del País. La Habana, 1840. Tomo 11 pag. 346

Ildefonso Vivanco, quien en 1841 escribió un artículo sobre el origen y evolución del culto y Santuario de la Virgen de Regla, al referirse a los inicios de la ermita manifiesta:

«Todo estaba aún yermo y desierto por esta parte de la bahía; eran terrenos del ingenio Guaicanamar y ni una miserable choza se elevaba aún donde hoy existe el estenso pueblo de Regla. Construyose la ermita en 1687 con donaciones de las instancias inmediatas de guano y barro, y bajo las palmas y en medio del entretejido de cujes en que reposaba había tantos siglos el indio en Cuba, se adoró la representación de la madre de Dios, con la advocación de Nuestra Señora de Regla».
«Desde el punto en que la ermita estuvo en pie con su altar y un cuadro que representa a la imagen de su culto, creció este, se ramificó el espíritu público de su devoción y convertido en foco de piedad, vinieron a rendirles homenajes desde los más apartados lugares de la isla». [6]

La Virgen de Regla era la patrona de los pescadores y marineros. Estos últimos salían de la región andaluza donde el culto de esta virgen era muy significativo, a cuyo amparo se encomendaban para ventura de sus viajes hacia las tierras de América.

Se comprende que El Peregrino prefiriera fundar el culto de Nuestra Señora de Regla a orillas de la bahía de La Habana por la importancia comercial y estratégica que revestía el puerto, al cual llegaban precisamente los viajeros de Sevilla.

---

[6] **Paseo pintoresco por la isla de Cuba**. Artículo: "El Santuario de Regla" por Idelfonso Vivanco.

19

Aunque El Peregrino obtuvo la cesión de las tierras para fundar la ermita por la autorización de Recio de Oquendo en marzo de 1687, sabemos que la ermita se erigió en fecha posterior, como lo confirma un Acta del cabildo habanero de fecha 16 de enero de 1688:

«Leyose petición del hermano Manuel Antonio de havito pelegrino en que se disse que con el favor de Dios Nuestro Señor pretende fabricar una ermita a su propia costa de la adbocacion de Nuestra Señora de Regla de la otra banda de la bahia en el sitio y paraxe que llaman Camaco de que caritativamente se le ha hecho gracia y limosna por su lexitimo dueño de dos cuadras de cittios y para poderle dar principio pide y suplica a Vuestra Señora de sirva concederle licencia para la fabrica de dicha ermita en el dicho paraxe por no resultar perjuicio publico ni de tercero ante si utilidad para encenderle el fervor de la mayor devocion de la Santisima Virgen de Regla a que se acordo que se le conceda la licencia que pide para que haga dicha ermita con calidad que la haga con la decencia debida para que en ella se coloque a Nuestra Señora de Regla y que se hubiere de sacar algunos materiales se le señalara parte donde lo haga ocurriendo para ello ante Su Señoria dicho Señor Gobernador y Capitan General». [7]

Durante algunos años la ermita estuvo al cuidado de El Peregrino, hasta que el 24 de octubre de 1692 la destruyó el huracán de San Rafael.

Se refiere entonces que Juan Martín de Conyedo, un asturiano vecino de Remedios, fue sorprendido por esta tormenta cuando realizaba un viaje por mar de Remedios a La Habana, y que en aquellas difíciles circunstancias se enco-

---

[7] Actas Capitulares del Cabildo de La Habana. Cabildo de 16 de enero de 1688.

mendó a la Virgen de Regla para su salvación haciendo promesa de votos de consagración a su culto.

A Conyedo se debe la erección de la segunda ermita, más sólida, de rafa y teja, en el mismo sitio donde había sido edificada antes. A partir de este momento los documentos no vuelven a referirse al Peregrino.

Para esta nueva empresa constructiva:

«Conyedo solicitó los suplementos al vecino y mercader Alonso Sánchez Cabello, cuya obra comenzó en 1693 asistiendo personalmente a la construcción, con tan celoso afán, que la finalizó el de 1694, con tres cuartos para hospedería de tapia, rafa y tejas». [8]

Alonso Sánchez Cabello fue el primer administrador del Santuario. Falleció en 1705, y Conyedo lo sustituyó. El primer capellán de la iglesia fue Diego de Rojas Sotolongo en 1698, y luego, con éste, el sacerdote José López Ruiz de Salazar.

El Obispo Morell, quien desde el 20 al 23 de agosto de 1755 realizó una visita pastoral al Santuario, refiere que en el altar mayor:

[...] en lugar de la imagen antigua se venera una efigie de la misma Señora: su color es bastante moreno: trájola de Madrid el Sargento Mayor Dn. Pedro Aranda y Avellaneda y se colocó el día 8 de septiembre del de 94: preténdese que en

---

[8] **Llave del Nuevo Mundo, antemural de las Indias Occidentales: La Habana descripta: noticias de su fundación, aumentos y estado, por José Martín Félix de Arrate. Fondo de Cultura Económica. México, 1949 pag. 217**

varias ocasiones ha retocado con color blanco y nunca lo ha admitido».[9]

Idelfonso Vivanco afirma también que dicha imagen fue fabricada en Madrid y que la trajo de España:

[...] por ofrecimiento que de ello tenía hecho el Sargento Mayor D. Pedro de Aranda y Avellaneda».[10]

Según Vivanco las noticias de la fundación de la ermita y de la historia de la imagen de Nuestra Señora de Regla las obtuvo de un manuscrito de Juan Martín de Conyedo consultado en 1841 en el archivo del Santuario de Regla.

Otro lado del asunto radica en la procedencia de la imagen actual de la virgen. Hasta hoy no se ha encontrado constancia de su donación por parte de Pedro Aranda de Avellaneda. Sin embargo se sabe que él fue alcaide de la fortaleza de San Salvador de la Punta desde 1687 hasta 1693, en que pasó a serlo Pedro Rodríguez Cubero. En ese mismo año de 1693 Aranda de Avellaneda, mientras se construía la ermita de Nuestra Señora de Regla, se encontraba en España, desde donde solicitaba se le concediese una licencia para venir a La Habana.[11]

En Cabildo de 1 de enero de 1694, Pedro Aranda de

---

[9] **La visita eclesiástica**, por Pedro Agustín Morell de Santa Cruz. Editorial Ciencias Sociales. La Habana, 1985. pag 38

[10] Idelfonso Vivanco. ob. cit. pag 37

[11] Archivo General de Indias. Legajo 4134 folio 13. Año 1693. Expedientes diarios (1642-1799)

Avellaneda fue electo Alcalde ordinario:

«El Señor Alguacil Mayor D. Theodoro de Oquendo dio su boto para alcaldes ordinarios al Sargento Mayor D. Pedro Aranda Avellaneda y Thessorerro D. Martín de Palma Veloso [...] con lo qual aviendose regulados los votos salieron electos por alcaldes ordinarios los dhos Sargentos Mayor D. Pedro de Aranda y dho D. Martín de Palma». [12]

La introducción de la imagen pudo ocurrir como afirman Arrate y Morell en 1694, pues en este año aún Aranda de Avellaneda se encontraba ejerciendo como funcionario del Ayuntamiento habanero. Es posible que en uno de sus viajes a la Península encargara y trajera la imagen, bien porque se lo tuviera prometido a la Virgen o porque Juan Martín de Conyedo se lo hubiera solicitado.

En 1701 la ermita quedó sujeta a la parroquia de San Miguel, y en 1706 el Obispo Fray Jerónimo de Valdés la agregó a las de La Habana.

Durante el primer cuarto del siglo XVIII la devoción por Nuestra Señora de Regla ya era popular, pues en 1714 el ayuntamiento habanero decide nombrarla Patrona del puerto de La Habana.

En el Acta del Cabildo de 14 de diciembre de 1714 se registra este importante acontecimiento:

---

[12] Actas Capitulares del Cabildo de La Habana. Cabildo de 1 de enero de 1694

Acta

«Leyose representazion del Ldo. Joseph Lopez Ruiz de Salazar Presbitero y Administrador del Santuario y Hermita de Nuestra Señora de Regla fundada en la habia desta ciudad en la qual y por las razones que en ella parecen pidio y suplico se le jure Patrona de dicha bahia y que para la funzion siendo servidos conzederlo se pase el dia primero de Pascua de Navidad por la tarde a executarla y en vista de dha. representación se acordo que su thenor a la letra es como sigue: como lo pide en todo».

Petición

«El Ldo. D. Joseph Lopez Ruiz de Salazar Presbitero Notario del Santo Oficio de la Inquisisción promotor fiscal de la Audiencia Episcopal y Administrador del Santuario de Nuestra Señora de Regla fundada en la bahía de esta Ylla. Ciudad parezco ante Vuestras Señorías en la mejor forma que convenga y digo: que habiendo desde su fundacion al dho. Santuario y solicitado en cuanto he podido el argumento del y dilatar la devocion de esta divina Señora abogada especial de los navegantes y general socorro de esta ciudad para todas necesidades y enfermedades como lo publican los gratos servicios de memorias milagrosas que en su Sta, hermita se ven puestas por los que han recibido beneficio de esta Santisima Señora cuya proteccion todos se acogerian qual hermita a mi costa he colocado altares dedicados el uno al Maximo señor San Jeronimo y el otro al señor San Antonio Abad y por que con todo afecto deseo su mayor lustre dicho Santuario y ensalsamiento de la Santisima Virgen de Regla siendo

*como es tan propio suyo el timbre que posee la llave con que
se adorna honroso escudo que ilustra las Armas y Escudo de
esta Ilustrisima Ciudad pues parece se le de mas propiamente
a esta Santisima imagen el Patrosinio de su bahia que es
donde pende el remedio unico desta Ciudad para su manten-
cion y de estos reinos para su guarda y custodia por todo lo
qual y atendiendo a mi afecto y devota representacion:
A Vuestra Señoria pido y suplico se sirvan de favorecer e
ilustrar el dicho Santuario y ensalsar la Santisima virgen de
Regla jurandola Patrona de la bahia de esta Ilustrisima Ciudad quedando yo de ello siempre reconocido a Vuestra Señoria por este beneficio y dicho Santuario engrandecido e Ylus-
trado con su favor para cuya funsion siendo servidos Vuestras Señorias de conceder lo suplico asi mismo se sirvan de
asignar el dia primero de Pascua de Navidad por la tarde por
ser dia en que la pureza virginal de la siempre virgen Maria
se manifesto patente con el titulo de Madre de Dios y en ello
recibira consuelo toda esta Ciudad sus vecinos los navegantes yo y el dicho Santuario como lo espero de su grandeza y
liberalidad. D. Joseph Lopez Ruiz de Salazar».* [13]

De este importante documento se puede resumir:

> ➤ El empeño del capellán Ruiz de Salazar por la difusión
> del culto de Nuestra Señora de Regla, en magnificar su
> imagen y su Santuario.
> ➤ La tradición marinera que acompañaba la devoción a
> la virgen de Regla.
> ➤ [...] abogada especial de los navegantes».

---

[13] Actas Capitulares del Cabildo de La Habana. Cabildo de 14 de diciembre de
1714.

> ➢ La devoción popular de que era objeto esta advocación.
> ➢ [...] general socorro de esta Ciudad para todas necesidades y enfermedades [...].
> ➢ La existencia de exvotos que testimoniaban la acción de gracias de numerosos devotos.
> ➢ [...] como lo publican los gratos servicios de memorias milagrosas que en su Sta hermita se ven puestas por los que han recibido beneficio de esta Santisima Señora [...].
> ➢ La existencia de dos altares en el Santuario: uno de San Jerónimo y otro de San Antonio Abad.

La ceremonia oficial en que se declaró Patrona de la bahía de La Habana a la virgen de Regla se efectuó el 25 de diciembre de aquel año de 1714 en horas de la tarde:

[...] pasando el cuerpo Capitular con su respetable Cabeza el Marques de Casa Torres. [...] al dicho Santuario donde en presencia de los venerables curas y prelados regulares puso el Regidor Decano en manos del Illmo. Obispo una llave de plata dorada insignia de las armas y blason de esta noblisima Ciudad y su gran puerto, la cual pasó de las de su Illma. a los pies de la sagrada efigie. [...] celebrandose tan religioso como autorizado acto con repique general de campanas salvas de las fortalezas y navios ancorados en la bahia y otras devotas y festivas manifestaciones».[14]

---

[14] Arrate. ob. cit. pag 217-218

Casi tres años después, en octubre de 1717, se colocó el Santísimo Sacramento en el altar mayor de la iglesia, a cuya ceremonia asistió Don Gonzalo Vaquedano, quien habiendo sido Oidor de la Real Audiencia de Lima, transitaba por La Habana de viaje a España para ocupar el cargo de su nuevo nombramiento como Fiscal del Supremo Consejo de Indias. Además, participaron caballeros y oficiales procedentes de Nueva España que se dirigían a Castilla.

El capellán Ruiz de Salazar falleció el 28 de julio de 1720. Sus restos fueron sepultados en el Santuario de Regla. Por esta época la iglesia había sido aumentada con un portal de arcos en la puerta principal situada al norte y se amplió hacia el sur. Se le construyó una capilla mayor para el sagrario y el altar de la virgen.

También se ampliaron las viviendas que servían de habitación de los hermanos que asistían al Santuario y hospedaje de las personas que iban de romería. Se creó un claustro de aposentos bajos para los romeros y otro para huéspedes y peregrinos, y se erigió una habitación con la finalidad de que en ella residiera el capellán.

El 17 de enero de 1734 se fundó la Hermandad de la Concordia de Nuestra Señora de Regla cuya comunidad no tenía el carácter oficial de los votos de la vida religiosa. *«Hacían una vida común de recogimiento y disciplina y tenían un reglamento que les había dado el obispo Fray Juan Lazo de la Vega».*[15]

---

[15] **Breves notas históricas del Santuario de Nuestra Señora de Regla**, por Monseñor Ángel Pérez Varela. Folleto. 1967.

En los estatutos se prohíbe el ingreso de personas de la raza negra a la congregación. Los hermanos estaban dirigidos por el capellán. Residían en una casa contigua al Santuario y se dedicaban a atender a los peregrinos que después de su visita permanecían durante días por estos lugares.

Según Arrate, hacia la mitad del siglo XVIII eran:

[...] diez hermanos llamados ermitaños de Regla, visten hábitos pardos de lana, con cuello y mangas ajustadas, el que ciñen con una correa; usan de barba prolija».[16]

Además calzaban sandalias. Las ofrendas que se recibían en el Santuario sufragaban el salario del capellán, la manutención y el vestuario de los hermanos de la congregación; también servía para adorno y servicio de la iglesia, el octavario de la virgen y otras funciones propias del culto. Se consigna que hacia la mitad del siglo XVIII ya la iglesia se distinguía por sus costosas alhajas y ricos ornamentos.

En una singular descripción Arrate nos refiere el panorama del puerto, la ciudad y el Santuario de Regla:

«Los dos lados de la bahía tienen unos aspectos muy agradables, de que gozan la gente de los navíos con libertad, porque en el poniente miran la bella perspectiva de la ciudad y sus muros y fortalezas, templos, torres y edificios y miradores y aun parte de las plazas de las calles, y en el de oriente, en pasando la empinada sierra de la Cabaña, se descubren algunos terrenos llanos y otros doblados muy vistosas y alegres campiñas, hermoseadas no sólo de palmas reales y otros dis-

---

[16]Arrate ob. cit. pag 218

tintos y bien corpudos arboles, que produce la fertilidad del
terreno, sino también varias sementeras que fomenta el culti-
vo, sirviendo al recreo y admiración porque nunca les falta
verdor y lozanía a estos campos[...].

Regístranse en ellos asimismo diversas caserías, unas en las distancias y otras a la propia lengua del agua, más cómodas para la diversión del paseo, especialmente el devoto y deleitable Santuario de Nuestra Señora de Regla, erigido en una breve punta que de la parte del sur se introduce en la bahía inclinada hacia el norte; cuyo templo y casas de hospedería, ceñidas, en un recinto de piedras y coronado de almenas, si excita la devoción para religiosas romerías, también convida al gusto para recreaciones honestas.

Tiene esta (se refiere a la bahía) en la rivera opuesta a la ciudad cuatro embarcaderos, el de Cojímar, Mari Melena, Regla y Guanabacoa, por donde en canos y botes se conducen y comunican las gentes y frutos que de aquella banda quieren transportarse a ésta; siendo ancho este tráfico porque todo lo más ocurre de los ingenios y estancias de aquella comarca y de la inmediata villa de la Asunción de Guanabacoa, y vienen a desembarcar a los muelles que hay de esta parte en la Real Contaduría y el que llaman de La Luz, siendo frecuente y casi innumerables las embarcaciones pequeñas que diariamente cruzan a vela y remo la bahía, particularmente en tiempos que hay en ellas escuadras[...].[17]

El obispo Morell de Santa Cruz en su visita de agosto de 1755, describe así el Santuario por aquella época:

---

[17] Arrate ob. cit. pag 41-42

[...] corre de sur a norte: consta de un cañón de mampostería y texa con 28 varas de longitud, 9 de latitud y 63/4 de altitud: comprende cinco altares mui decentes: en el mayor en lugar de la imagen antigua se venera una efigie de la misma Señora: su color es bastante moreno [...] Se le atribuyen muchisimos milagros: algunos de ellos se ven pintados en lienzos, otros demostrados en piececillos de plata y otros en muletas y navichuelos, puestos todos en el mismo templo: es verdad que nunca se ha cuidado de calificarlos: la fe sin embargo y la veneración que generalmente se le tributa a esta sagrada imagen, los publica por tales.

Tiene púlpito, coro alto y órgano. La sacristía está al lado del Evangelio: su largo ocho varas y quatro su ancho y alto: está mui alhajada y con ornamentos preciosos: sobre ella hay una habitación de 4 varas en cuadro: al lado derecho de la puerta principal está un campanario de piedra con tres campanas, las dos pequeñas y la otra de regular tamaño. Con inmediación al Santuario hay otras habitaciones para el capellán y hermitaños y personas que van en romería: todas a excepción de las del capellán son baxas, de piedras y texa, con sus pasadizos en forma de claustro: su refectorio, oficinas y huerto mui capaz: para la manutención de todo lo expresado no hay más rentas que las limosnas, que son copiosas». [18]

En 1743 falleció Juan Martín de Conyedo:

[...] de virtuosa índole, humano y afable en su trato, de continua oración y mortificación, observando la vida cuaresmal hasta los últimos períodos de la suya». [19]

---

[18] Morell de Santa Cruz. ob. cit. pag. 38-39

[19] Arrate ob. cit. pag 219

Arrate afima que Conyedo fue sepultado en el Santuario de Regla, pero de ello no hay constancia en los libros parroquiales.

Ya en la primera mitad del siglo XVIII se festejaba cada 8 de septiembre en honor de la Virgen de Regla. Era costumbre entonces que parte de la población ofrendara ante su altar terneros, toros y puercos en holocausto. Numerosos morenos y morenas instalaban tiendas alrededor del Santuario para expender dulces y alimentos. Gran parte de los vecinos procedentes de la ciudad visitaban la iglesia, como también notables personalidades de La Habana participando en comunidad por su devoción a la virgen.[20]

En 1744 se comenzó a construir una muralla que rodearía al Santuario a causa de la constante amenaza de ruina por el batir de las olas, la cual se sufragó con rentas y limosnas y fue proyectada y dirigida por el ingeniero Teniente Coronel Don Antonio Arredondo. Después de algunos lapsos de interrupción la muralla fue concluida en 1772.

En 1761, cuando la toma de La Habana por los ingleses, el capellán de la iglesia de Regla trasladó la imagen de la virgen y sus alhajas a la iglesia del Calvario, y dos días después a un ingenio en Managua, propiedad de Antonio Manero. Según comenta el historiador Gerardo Castellanos, el templo de esta iglesia fue cuartel que sirvió a las tropas inglesas.[21]

---

[20] Idelfonso Vivanco ob. cit. pag. 42

[21] **Relicario histórico: Frutos coloniales y de la vieja Guanabacoa**, por Gerardo Castellanos. Editorial Librería Selecta. La Habana, 1948 pag. 216

En una visita efectuada al Santuario por el obispo Espada, en 1804, determinó convertirlo en parroquia, para lo cual lo separó del curato de San Miguel del Padrón. Las diligencias comenzaron el 21 de agosto de 1805, según acta que aparece en el folio 1 del Libro Primero de Bautizos, y fueron aprobadas el 19 de septiembre de ese mismo año por el Consejo de Su Majestad y por el Vice Real Patrono.

El 1 de octubre de 1805 la iglesia de Regla fue erigida parroquia. Su primer párroco fue José María Cortés y Salas, quien ya se venía desempeñando como sacerdote aquí desde 1797. Permaneció en el Santuario durante más de cuarenta años.

El 25 y 26 de octubre de 1810 un huracán afectó considerablemente la iglesia, y un año después se consideró oportuno derribarla. La parroquia quedó inaugurada el 8 de septiembre de 1811. Las obras para erigir la nueva iglesia cuyo estilo aún perdura, fueron concebidas por el ingeniero Pedro Abad Villarreal, y su ejecución estuvo a cargo del maestro de obras Pedro Justiniani.

El 7 de septiembre de 1812 predicó en el púlpito el Padre Félix Varela, hecho que se recuerda con una inscripción colocada en el sitio desde el cual se dirigió al público.

Aunque la iglesia fue inaugurada en 1811, su construcción, tal como hoy la observamos, no terminó hasta principios de 1818. Para obtener el presupuesto suficiente fue necesario vender la ermita de San José situada en Regla por 3 500 pesos, además de solicitar un préstamo de 1000 pesos y conseguir cuantiosos donativos de vecinos; gracias a lo cual pudo edificarse la nueva iglesia de cantería, mayor que la iglesia anterior. Cuando fue bendecida por el capellán actuó como padrino el primer Conde de Fernandina, señor Gonzalo Herrera. La actual torre del campanario y el frontis de estilo griego se edificaron algunos años después de ser inaugurada la parroquia.

El sacerdote Cortés y Salas falleció el 14 de diciembre de 1840 y fue sepultado en el cementerio de la parroquia. Sería nombrado dos días después Domingo de Pluma y Blandino.

Otro párroco de grata memoria fue Ricardo Arteaga, quien comenzó a oficiar en el Santuario el 25 de julio de 1874. Era un orador notable y de ideales independentistas. A él se le atribuye la construcción del baldaquín del presbiterio, el cual consiste en un falso techo en forma redondeada con 105 florones. Además fundó un colegio conocido con el nombre de «Educación en Familia».

El 5 de diciembre de 1926 se fundó la Congregación Nuestra Señora de Regla por iniciativa del sacerdote Rosendo Méndez Fernández, la cual tenía como finalidad promover una mayor vida espiritual entre sus asociados.

Otro momento importante de la historia del Santuario ocurrió siendo párroco Moisés Arrechea Iturralde, quien comenzó a oficiar en Regla el 19 de noviembre de 1939. A él se deben diversas obras, entre ellas la mesa con su sagrario, que es una réplica del existente en la Capilla del Seminario Pío Latinoamericano de Roma. Fue este párroco quien concibió y realizó la procesión marítima de la Virgen de Regla a través de la bahía habanera cada tarde del 8 de septiembre.

La procesión marítima era un acontecimiento muy importante entre los tantos otros que se realizaban durante la celebración de la fiesta de la virgen. En esa ocasión la población habanera se congregaba en el litoral de la bahía para contemplar la patana con la imagen de Nuestra Señora de Regla, acompañada de las principales autoridades religiosas, civiles y militares de la capital, lo cual pudiera considerarse como uno de los acontecimientos socio religiosos más importantes de nuestra ciudad.

El párroco Moisés Arrechea cesó sus funciones en el Santuario en enero del 1952.

Ese mismo mes y año fue nombrado párroco Ángel Pérez Varela, quien el 14 de junio del 1955 elevó las Preces Petitorias al Venerable Capítulo de la Patriarcal Basílica de San Pedro en el Vaticano para la coronación canóniga de Nuestra Señora de Regla. Los aspectos con los que sustentó dicha solicitud fueron los siguientes:

❖ El gran concurso de fieles que todo el año, y de modo especial los días 8 de cada mes y en los de solemnidad anual de septiembre, asistían al Santuario.

❖ Las grandes solemnidades de su fiesta anual: novenario, misa pontifical, procesión marítima, fiesta de la Octava, procesión por tierra, culto solemne de los días 8 de cada mes, domingos y sábados en la tarde.

❖ La gran cantidad de obsequios, flores, cirios, exvotos y testimonios verbales de gracias que aportaban los fieles procedentes de todas partes de nuestra República y del extranjero.

Por tales diligencias, el día 3 de septiembre del año 18 del Pontificado del Papa Pio XII, en 1955, el Vaticano confirmó la petición declarando la coronación de la virgen con el título de Beatísima Virgen María de Regla. Se eligió para su coronación el 24 de febrero de 1956, fiesta de la patria y aniversario de la consagración episcopal del prelado habanero Cardenal Arzobispo Manuel Arteaga.

Este es el acontecimiento más significativo de cuantos se han registrado en la historia del culto de la virgen de Regla, antes del cual figuraba en importancia la proclamación del patronato de la virgen del puerto habanero.

Monseñor Pérez Varela escribió una breve pero sustanciosa historia de Nuestra Señora de Regla publicada en forma de folleto en 1967. También creó un museo con el fin de ofrecer testimonios de la devoción de su culto.

Durante los años en que Monseñor Pérez Varela se desempeñó como párroco del santuario, el culto continuó con su notable brío, a pesar de las difíciles circunstancias por las que tuvo que bregar la Iglesia en sus relaciones con el Estado cubano durante los primeros años de la Revolución; cuando la feligresía decreció considerablemente y fueron suspendidas las procesiones y fiestas tradicionales de la virgen.

Mons. Pérez Varela supo también conservar los elementos más auténticos del culto cristiano a pesar de la compleja devoción popular que en Cuba se le tributa a esta virgen identificada con Yemayá.

La corona de oro de la virgen se hizo en los talleres de «La estrella de Italia», antigua casa de fina orfebrería. Nuestra Señora de Regla comparte con la Virgen de la Caridad y la

Guadalupe el haber sido las únicas advocaciones coronadas canónicamente en Cuba.

La imagen de la virgen de Regla es igual a su original de Chipiona en su color y tamaño, exceptuando la llave que tiene a sus pies y los siete collares que la adornan, los cuales rematan en una cruz de piedras preciosas cada uno. El altar es de cedro y la bóveda fue hecha de ladrillos. Su construcción empezó el 8 de mayo y terminó el 6 de septiembre de 1885. Como se ha dicho el techo está decorado con 105 florones al relieve y el altar fue embaldosado con losa de blanco mármol de Carrara, como también la pequeña escalera hacia el cual conduce. Según informaciones de Luaces, en dichas obras de reconstrucción tomaron parte dos reglanos: el maestro de obras Cristóbal Fornaguera y Eduardo Dapena. También contribuyó un artista catalán conocido por Roig.

La tradición del culto de la Virgen de Regla recoge algunas observaciones curiosas de los visitantes del Santuario. Así lo confirma el viajero y diplomático John G. Wurdemann en 1842:

«Este edificio "se refiere a la iglesia de Regla" de estructura moderna y pintado de azul, es uno de los objetos que con más particularidad atrae la atención del viajero cuando entra en el puerto. El interior contenía un bonito altar, dos pinturas al óleo, unas pocas imágenes y un par de cajas de vidrio con pequeñas ofrendas de plata de corazones, anclas, imágenes, etcétera. Porque debe recordarse que Nuestra Señora de Regla, la frente de cuya imagen suda a veces milagrosamente, es la patrona especial de los marineros y boteros». [22]

---

[22] **Notas sobre Cuba**, por John Wudemann. Editorial Ciencias Sociales. La Habana, 1989 pag. 212-215

El 11 de agosto de 1965 el Santuario de Regla fue declarado Monumento Nacional.

Monseñor Pérez Varela cesó sus funciones como párroco en septiembre de 1995, habiendo ejercido su ministerio durante 43 años. Lo sustituyó el P. René Echevarría Pérez el 8 de octubre de 1995. Luego le sucedió el sacerdote Manuel López Arrieta para luego ser nombrado el párroco asturiano Mariano Becerril, quien desempeño un admirable sacerdocio en la comunidad parroquial.

El Padre Mariano, como todos le llamaban, fue un hombre creativo. Sin desdorar el ministerio de los sacerdotes anteriores que tuvo el santuario después de la muerte de Monseñor Ángel Pérez Varela, el Padre Mariano reorganizo la comunidad parroquial y le impuso al culto de la Virgen, en especial a través de la devoción de Nuestra Señora de Regla, una gran revitalización.

Se dedicó a estudiar profundamente las tradiciones religiosas populares cubanas de procedencia africanas para desempeñar mejor su presbiterado en el santuario, ya que muchos peregrinos identifican a la Virgen de Regla con Yemayá. Su labor de evangelización con las personas de creencias de estirpe afro religiosas fue admirable, pues supo tratar con ellas con sabia tolerancia y respeto y sapiencia teológica.

Animo el santuario con música sacra, creo eventos históricos y dio charlas y conferencias para difundir el conocimiento del culto de la Virgen de Regla, de todo lo cual fue fruto un libro sobre las tradiciones religiosas populares en Cuba.

Murió inesperadamente en circunstancias trágicas. La feligresía y el pueblo de Regla lamento mucho su pérdida.

Entre sus últimos proyectos quedo trunco el de lograr una pastoral para los devotos de creencias de origen africanas.

Después de su muerte fue nombrado párroco del santuario el presbítero Fernando Pérez y actualmente Monseñor Rene Ruiz.

La iglesia siempre ha sido una institución muy significativa en la vida espiritual del pueblo habanero y en especial de los réglanos. La devoción de su virgen titular, durante muchos años, se ha manifestado en una parte considerable de esta población en cuyas viviendas se ha honrado mediante su representación en altares y estampas de imprenta.

Uno de los acontecimientos sociales más importantes fueron los festejos de la virgen el día 8 de septiembre, especialmente la procesión realizada a través del pueblo.

Aunque el culto de Nuestra Señora de Regla adquirió devoción especial en La Habana, hay diversos testimonios que manifiestan que lo hubo en ciertas regiones de Cuba.

El hecho de que en Matanzas, hacia la segunda mitad del siglo XIX, se verificasen cabildos de nación bajo la advocación de la Virgen de Regla, es una prueba de ello.

Se sabe también que hacia el año 1826 fue construida en Bayazo una ermita llamada Nuestra Señora de Regla por el presbítero Ignacio de Leyva, situada en las afueras de esa ciudad, la cual algunos años después fue utilizada como hospital.[23]

Este hecho nos estimula a contemplar la posibilidad de que en Bayamo tal vez hubo un culto a la virgen de Regla anterior a la construcción de dicha ermita en 1826, pues se

---

[23] ANC Gobierno General Legajo 52 expediente 2313

sabe que Manuel Antonio, El Peregrino, fundador del culto en Regla, se estableció en Bayamo después que el huracán de 1692 destruyó la ermita que él hubo erigido en Regla.

Lo anterior puede ser confirmado en el documento original de la cesión de las tierras para erigir la ermita firmado por Recio de Oquendo, que apareció en poder del vicario de Bayamo y éste lo hizo llegar a las autoridades de La Habana para dirimir un pleito suscitado por uno de los descendientes de los Recio que en 1826 reclamaban los predios del Santuario.[24]

En este documento el vicario de Bayamo informa que El Peregrino se lo había entregado para constancia de la propiedad de los terrenos de la ermita de Regla, lo que hace suponer que El Peregrino residió en Bayamo, y que, habiendo habido ermita bajo tal advocación en la segunda década del siglo XIX, fuera posible una devoción anterior de esta virgen allí o al menos se intentara.

En la actualidad celebra la procesión patronal por una parte del pueblo de Regla el día de la fiesta de la titular, el 8 de septiembre, al cual, como en otros tiempos, asisten numerosos devotos.

Al mismo tiempo en el Santuario permanece abierto el museo donde se exhiben numerosas piezas que testimonian la amplia devoción de la virgen.

---

[24] Archivo del Arzobispado de La Habana. Legajo 45 de parroquias.

4

IDENTIFICACIÓN DE YEMAYA CON LA VIRGEN DE REGLA

No se ha precisado cuándo surge el culto de Yemayá en Cuba. Es lógico suponer que el culto a esta deidad de la cultura yoruba se originó en nuestra isla en un momento posterior al de Nuestra Señora de Regla, de cuyo templo e imagen se tienen las primeras noticias en 1687, como se ha referido.

Lo que sí sabemos es que la identificación de Yemayá con la Virgen de Regla fue posterior al culto de ésta, pues para que se produzca el sincretismo religioso de una deidad africana con una advocación católica, se requiere de la existencia de la imagen y su devoción católicas para que pueda ser asimilada por los inmigrantes africanos.

Tampoco ha sido posible determinar en qué zona habanera surgió primero dicho culto: si fue en La Habana y especialmente en Regla, o en Matanzas, donde también, durante la etapa colonial, se fomentó su culto.

Sin embargo, lo más importante no consiste en ello, sino en explicar y describir el proceso por el cual se originó esa identificación religiosa. Y para eso es preciso considerar a los cabildos de nación como organizaciones embrionarias de tal fenómeno.

Hay referencias sobre cabildos que datan de 1566; las ofrece Leví Marrero, y se trata de la solicitud, al cabildo español de Santiago de Cuba, de un solar en el barrio de Santo Tomás, que linda con un solar del rey Congo, lo que sugiere la existencia de un cabildo de nación. Son numerosas, además, las quejas de los vecinos de La Habana, molestos por las reuniones de negros que celebraban fiestas para elegir a sus reyes y reinas en el seno de los cabildos.

Los cabildos de nación tienen su origen en las cofradías gremiales formadas por negros y mulatos libres, que desempeñaban oficios diferentes, y que, con el tiempo, se convirtieron en agrupaciones de procedencia étnica y comunidad lingüística africanas, con el fin de conservar sus tradiciones. Hubo un momento en que esas cofradías gremiales se transformaron en instituciones sociales legalizadas por el Obispo Pedro Morell de Santa Cruz en 1755.

Los cabildos fueron denominados bajo el nombre de una advocación católica o santo patrón, y eran controlados por autoridades civiles y religiosas. Se regían por estatutos aprobados por el gobierno, y entre sus miembros figuraba una jerarquía que regulaba sus actividades. La finalidad del cabildo de nación era la de ayuda mutua entre sus miembros; pero es incuestionable que en esas organizaciones se perpetuaron las tradiciones afro religiosas.

En la segunda mitad del siglo XIX había en Regla barracones en que se recluían a los negros traídos de África para su aclimatación. El 23 de diciembre de 1786:

42

[...] se dieron en arrendamiento a Don José Antonio Márquez los dos barracones que existen en Regla pertenecientes a la Real Hacienda por el término de ocho años en cantidad de cien pesos cada uno». [25]

Don José Antonio Márquez representaba a una compañía dedicada a introducir negros africanos, para lo cual había arrendado los mencionados barracones. [26]

A propósito de una reclamación establecida por Manuel Recio en marzo de 1798 para que le abonaran cinco pesos anuales por cada solar que la Real Hacienda «le tomó en el barrio de Regla para la construcción de estos barracones», se promovió una investigación sobre el origen de estos. Como en la Real Hacienda no constaban documentos sobre el origen de ellos, se expresa que, según declaraciones de personas, *«de cuenta de la Real Hacienda se fabricaron hace muchos años, y que poco menos le fueron concedidos a Don José Antonio Márquez [...].*

Habiendo sido Regla un importante punto de concentración de negros, es presumible que fuera este un área idónea para que se difundiesen las costumbres y creencias de los negros africanos. La iglesia, en cuyo altar mayor figuraba la virgen morena, debió ser muy significativa para aquellos, quienes, ávidos de perpetuar sus creencias en tierra extraña, no tardarían en identificar a la Virgen de Regla con Yemayá.

---

[25] ANC Intendencia General de Hacienda. Legajo 1003 expediente 15

[26] ANC Intendencia General de Hacienda. Legajo 205 expediente 5

Aunque los cabildos tuvieran un nombre de santo católico o el de una advocación mariana, los miembros los identificaban con una deidad africana de forma encubierta. Esto se manifestaba en los ritos que tenían lugar en las festividades que generalmente eran acompañadas con bailes típicos africanos, con lo cual se demuestra que una de las funciones de la asociación era la de preservar sus costumbres y creencias autóctonas, aunque ello no figuraba estipulado en los reglamentos de las cofradías, pero no pocas veces se toleraba.

Un fenómeno similar ocurrió en los barracones de los ingenios y viviendas privadas de negros; pero los testimonios al respecto no resultan ser tan elocuentes como los que se refieren a los cabildos de nación.

Fernando Ortíz, en un prolijo estudio sobre el origen y evolución de los tambores batá, informa que:

«En el primer tercio de la pasada centuria llegó como esclavo a Cuba un negro lucumí llamado Añabí a quien en Cuba conocieron como Juan el cojo. Se decía que en su tierra era babalao, olosain y onilú. Al poco tiempo de llegar él a Cuba y ser llevado a trabajar en un ingenio, una carreta cargada de caña le fracturó una pierna y fue trasladado a un barracón hospital de esclavos en Regla. Aquí oyo con emoción los toques religiosos de la música lucumí, que aún no había oído en Cuba, y encontró otro viejo esclavo, lucumí como él, llamado Atandá, o sea ño Filomeno García, a quien él ya había tratado en Africa como olú-batá. Fueron ambos al citado cabildo y supieron que los tambores que allí se tocaban no eran ortodoxos, eran judíos [...]. [27]

[27] **Ensayos etnográficos: "Los tambores bimembranófonos"** por Fernando Ortíz. Editorial Ciencias Sociales. La Habana, 1984. pag. 317

Según Ortíz esto ocurría por el año 1830, y, si fueron ambos negros al citado cabildo, ello supone la existencia de una cofradía de africanos probablemente anterior a la fecha mencionada.

El periodista Andrés Castillo en un artículo publicado en la revista Carteles en septiembre de 1955 dice suponer:

[...] que en el pueblo de Regla se organizaron los cabildos y según los datos más antiguos que se han podido obtener, surgió el primero entre 1806 al 1808[...]. [28]

Más adelante, en el mencionado estudio de Ortíz, este autor comenta:

«A dichos Filomeno García o Atandá y a ño Juan o añabí también se les atribuye haber fundado ambos un cabildo lucumí que hubo en Regla, o sea el cabildo Yemayá, juntamente con el gran babalao africano ño Remigio, padre de la octogenaria y popular santera Pepa Echubí que murió, ya ciega, mutilada, casi inválida, mientras lo seguía regentando. Para ese cabildo reglano Añabí y Atandá hicieron un segundo juego de batá, que denominaron Atandá». [29]

El investigador Luis Alberto Pedroso supone que:

[...] es muy posible que ese cabildo fuera el mismo que apareció con el nombre de cabildo Virgen de Regla en una relación de donantes publicada en el Diario de la Marina en 1885 por haber hecho una contribución de 17 pesos a la igle-

---

[28] Las fiestas de la Virgen de Regla" por Andrés Castillo. En: Revista Carteles. Año 36 No. 37 septiembre 11 del 1955.

[29] Ortíz. ob. cit. pag. 237

sia parroquial para la obra del presbiterio, así como para las de reparación y adorno interiores del Santuario».[30]

En un documento con fecha 18 de mayo de 1843 se alude a la presencia de cabildos en Regla:

«Los cabildos de los morenos de nación que están situados en esta ciudad y sus barrios extramuros y pueblo de Regla».[31]

Lo anterior nos permite sostener que hubiese cabildos creados en Regla desde la primera mitad del siglo XIX. Y es probable que entre esas asociaciones existieran cabildos bajo la advocación de la Virgen de Regla. Sí consta documentalmente que los hubo en La Habana, como en 1852 se conoce de la existencia de uno de nación lucumí elló que estuvo primero en la calle Gloria 80 y luego en Corrales 159, cuyo capataz fue el moreno libre Lorenzo Torres.[32] También se conoce el cabildo de congos situado en la calle Merced 22, que aún existía en 1870, pero ya por este tiempo situado en la calle Marqués González.[33] Otro cabildo de nación con el nombre Virgen de Regla fue el mandinga ceres establecido en el barrio de Peñalver en 1843.[34]

---

[30] La salida de los cabildos: una fiesta pública de Yemayá-Virgen de Regla" Artículo inédito de Luis Alberto Pedroso. septiembre de 1993. Archivo del Museo Histórico de Regla.

[31] ANC Gobierno Superior Civil. Legajo 1677 expediente 83995

[32] ANC Gobierno General Legajo 257 expediente 13346

[33] ANC Gobierno Superior Civil Legajo 1677 expediente 83983

[34] ANC Gobierno Superior Civil Legajo 1677 expediente 83995

No hay dudas de que fue en estas asociaciones urbanas, bajo la advocación de la Virgen de Regla, donde se consolidó el cuto a Yemayá.

Aunque Fernando Ortíz refirió la existencia de un cabildo en Regla dedicado a Yemayá, no se tiene constancia histórica de él. Ortíz obtuvo la información de fuentes orales.

Sin embargo, se sabe que la hija de Remigio, uno de los fundadores de tal cabildo, llamada Josefa Herrera, y conocida por Pepa, sostuvo un cabildo dedicado a Yemayá durante la República, de cuyo padre se dice que heredó atributos.

De Remigio Herrera se conoce muy poco. Su nombre en anagó era Addechina y procedía de Matanzas. Se cree que hacia la segunda mitad del siglo XIX pasó a vivir de un modo permanente en Regla, donde murió en 1905 con 90 años.

De su hija Josefa Herrera, conocida por su nombre de santo como Echubí, se tienen más datos. Vivía en una casa situada en la calle Perdomo 64, la cual era de madera pintada de azul. Los cristales de las ventanas exteriores eran azules y blancos, y azules también las puertas interiores de la casa, en correspondencia con los colores asociados a Yemayá, ya que ellos representan el mar. Su padre la inició en el culto y las tradiciones de índole africanas, y fue tal vez la santera más famosa que ha conocido Regla. Al morir su padre, ella lo sustituyó; pero por razones no bien precisadas, salió de Regla y fue a vivir a un lugar de La Habana hacia 1912. Regresó a Regla en 1921 0 1922.

Ya en 1921 había salido el cabildo Yemayá de Susana Cantero, con motivo de la fiesta patronal de la Virgen de Regla. Susana sacó el cabildo acompañada de sus ahijadas y numerosos colaboradores.

En 1923 fue aprobado por el Gobierno Municipal que a la fiesta tradicional de la Virgen de Regla se le diera un carácter carnavalesco; por lo cual salieron los cabildos de Susana y Pepa Herrera, además de uno abacuá. Fue un acontecimiento extraordinario, como hacía años que no ocurría, en el que el pueblo de Regla tuvo ocasión de volver a festejar sus antiguas tradiciones, según se constata por la prensa del momento.

La existencia de las casas culto o ilé ochá de Susana Cantero y Pepa Herrera perpetuaron el culto de Yemayá conservado en los antiguos cabildos de nación. Son –como ha calificado el investigador Luis Alberto Pedroso– reminiscencias de los antiguos cabildos.

¿Cómo funcionaban estos cabildos?

Diversas crónicas aparecidas en revistas y periódicos y entrevistas hechas a numerosos testigos que presenciaron las ceremonias y recorrido de los cabildos en Regla, nos han facilitado reconstruir cómo actuaban los cabildos durante las festividades de la patronal.

Ya desde el atardecer y durante la noche del día 7 de septiembre, víspera de la Natividad de Nuestra Señora, se festejaba en numerosas viviendas de La Habana el día de la Virgen de Regla, que coincide con el de la festividad de la Patrona de Cuba. Esa velada adoptaba diversos modos de honra devocional, por lo que en las viviendas de la población habanera podía observarse desde una vela encendida ante la imagen de la virgen morena como un gesto de tributo familiar, hasta la presencia de un conjunto de personas procedentes de distintas familias reunidas en un ambiente eufórico, mientras se bebía licor y se cantaba a la virgen en algunos casos con tambor.

El día 8, temprano en la mañana, el templo era visitado por muchas personas procedentes de diversos lugares de La Habana y la isla. Se cantaba la misa en honor a Nuestra Señora, y después se efectuaba una procesión con la imagen por todo el pueblo. A partir de la década del 40, la procesión empezaba con un viaje por la bahía de La Habana, después del cual la virgen era esperada en tierra por un gran número de fieles que aplaudían o cantaban y continuaban la procesión a través de la calle principal de Regla, a cuyos lados, en disímiles puertas y ventanas abiertas y en las aceras, las personas saludaban a la virgen con las manos en alto que batían pañuelos y sombreros. A su paso el pueblo se congregaba cada vez más a la procesión.

Este mismo día 8 de septiembre, por la noche, los cabildos de Pepa y Susana Cantero, hacían su entrada al santuario de Regla. El primero en hacerlo era el de Pepa por su antigüedad, y luego el de Susana.

Cada cabildo tenía cuatro imágenes: de la Caridad del Cobre, de la Merced, de Santa Bárbara y de la Virgen de Regla. El cabildo de Pepa colocaba sus imágenes en la sacristía y el de Susana en el presbiterio. El primero en salir en la mañana del día 9, después de oír la misa, era el de Susana. Luego se realizaba otra misa, después de la cual salía el cabildo de Pepa.

Por qué los cabildos salían el día 9 es un hecho que ni las crónicas explican ni los informantes tampoco. Uno de ellos, el italero Ángel León, refiere haber escuchado decir a su padrino que según una tradición procedente de los negros africanos, la salida de los cabildos ese día se debía a que el 9 de septiembre, en ciertas regiones de África, se celebraba la fiesta de la cosecha del ñame, que es la comida sagrada de las deidades; pero ello no contribuye a esclarecer el motivo por el cual se escogía tal fecha para la salida de los cabildos de Regla.

Nos inclinamos a creer que los cabildos salían el día 9 por razones obvias. El día 8 es el de la Natividad de la Virgen y tiene un significado católico que los representantes de los cabildos respetaban. Sus miembros identificaban a la virgen de Regla con Yemayá, por lo que le daban otra connotación religiosa al culto de esa advocación mariana. No era conveniente para las autoridades clericales ni civiles, que el día 8 se mezclase la procesión de la imagen del presbiterio con la de los cabildos, aunque para nadie era secreto que Pepa Herrera y Susana Cantero eran santeras y que sus imágenes católicas representaban deidades paganas.

Sin embargo, los cabildos necesitaban bendecir sus imágenes en la misa. La bendición de imágenes y fetiches en el templo es una costumbre antigua que la iglesia ha tolerado. Los practicantes de la santería estiman que la bendición que tiene lugar en la misa, fortalece sus elementos de cultos, porque entienden que de este modo sus imágenes reciben el poder de Dios.

Después que terminaba la misa y antes de salir del templo, los miembros del cabildo que portaban las imágenes católicas mencionadas, las alzaban y la inclinaban ante la de la Virgen de Regla situada en el altar mayor del Santuario. Naturalmente, este procedimiento no se correspondía con lo establecido en la liturgia.

Fuera de la iglesia esperaban los tambores batá y la muchedumbre.

Las imágenes salían una a una al son de los tambores. Se cantaba primero a Elegguá, Oggún y Ochosi. Con los toques correspondientes a Ochún, Changó, Obatalá y Yemayá salían las imágenes de la Caridad del Cobre, Santa Bárbara, Obatalá y la Virgen de Regla, cuyos portadores la bailaban haciendo las mímicas del oricha.

Después de esta salida que comenzaba hacia las nueve de la mañana, el cabildo se dirigía al muelle, a la orilla del mar, donde arreciaban el toque y los cantos. Se le pedía a Yemayá y se le ofrendaban frutas, miel y dulces que se echaban al mar. Se consultaba a Yemayá con cuatro pedazos de coco y muchas personas del público se despojaban con paraíso, albahaca y escoba amarga. Entre tanto sonaban las sirenas del puerto, y con un toque muy vigoroso de los batá se daban vueltas a la imagen de la Virgen de Regla, con lo cual se imitaba el oleaje del mar. Mujeres del público devotas a Yemayá bailaban a su oricha haciendo vivaces vueltas que levantaban sus sayas azules de siete vuelos blancos como la espuma del mar. En esta fase de la ceremonia la muchedumbre llegaba a un estado de éxtasis en el que los fieles gritaban: «Oh, mío Yemayá».

Después que terminaba esta importante parada del cabildo, sus miembros se dirigían hacia las casas cultos de ciertos santeros, donde se le tocaba y cantaba a su oricha. En esta ceremonia dedicada a diversas deidades durante la festividad de Yemayá, se consultaba con cocos a la deidad del santero para conocer la situación de la casa, y según la interpretación, se resolvía a veces con ebbó. Estas paradas ocupaban la mayor parte del tiempo de la fiesta.

Luego el cabildo se dirigía al Ayuntamiento para saludar al alcalde, que salía a recibirlo. Se le pedía por su salud y la de su familia, y por que su gobierno fuera beneficioso para el pueblo. Aquí también se consultaba al oricha con cuatro pedazos de coco.

Los cabildos también se dirigían a los cementerios nuevo y viejo de Regla para honrar a los antepasados. A las puertas del cementerio la muchedumbre se despojaba con hierbas que llevaban para ese fin.

El recorrido, que era una gran fiesta pagana, terminaba hacia las seis de la tarde, y las imágenes eran llevadas para la casa de las representantes de ambos cabildos, a las cuales se entraba según el mismo orden en que habían salido de la parroquia. Carmen Cantero, sobrina de Susana Cantero, ha descrito así este momento:

«Al entrar mi tía y yo bailábamos la música de cada santo para darles entrada. Cuando le tocaba el turno a Yemayá se formaba siempre una gran algarabía; entonces se le tocaba una música cerrada, apurada, y los cargadores le daban vueltas para un lado y otro hasta completar siete y entraban a la casa de nuevo». [35]

Los cabildos de Regla salieron hasta 1961. Por la forma en que ejecutaban sus fiestas públicas, recuerdan al culto de Yemayá procedente de África, particularmente el de una ceremonia que tiene lugar en Ibará, un barrio de Absokutá en

---

[35] Luis Alberto Pedroso. ob. cit.

52

Nigeria, donde existe el principal templo de Yemayá. Aquí los fieles de este oricha van todos los años a un río para buscar agua sagrada con que lavar los fundamentos. El agua es recogida en jarras y llevada en una procesión, cuyas personas cargan esculturas de madera al son de la música de tambores y van a saludar a personas importantes del barrio, entre ellos –y ante todo– al Rey de Ibará. [36]

Durante la República hubo sociedades que mantuvieron las tradiciones religiosas de origen africano en diversas regiones del país. Llevaban también el nombre de advocaciones católicas o santos, pero en ellas se veneraban deidades paganas.

De este tipo de asociación era denominada San Juan y Nuestra Señora de Regla, fundada en julio de 1908 en la calle F entre 19 y 21, en El Vedado, la cual, luego, se trasladó a la calle 23 esquina a 4. Esta sociedad fue acusada porque *«se reunía en ella toda clase de individuos de distintas razas y barrios, los cuales se entregaban a un baile extraño al son de guiros con cuentas».*[37]

En la mañana del 23 de abril de 1909 fue detenido un individuo *«que al salir de dicha casa llevaba un bulto en el que le fue descubierto un traje de ñáñigo»*, lo cual originaría un proceso judicial por el que fueron detenidos 32 miembros de esa sociedad, todos hombres, mestizos, negros y blancos. Unos días antes de la referida detención *«fue detenida por el capitán de la policía una mujer como de veinte años atacada de*

---

[36] Luis Alberto Pedroso. ob. cit. El autor se refiere a un artículo de Pierre Vergel.

[37] Todo lo referente a esta sociedad se encuentra en el expediente 11356 del legajo Real Audiencia de La Habana del Archivo Nacional de Cuba.

convulsiones, negra, con otra más. Al ser reconocida se esti-mó que le había dado el santo».

El presidente de esta sociedad se llamaba Alfredo Me-lla Parrero, mestizo, tabacalero, de 39 años, natural de La Ha-bana y residente de El Vedado. Declaró a las autoridades que en la sociedad se hacían fiestas religiosas africanas los do-mingos con permiso, pero negó que se permitieran diablitos.

Diversas declaraciones de vecinos residentes de la lo-calidad testimoniaron haber escuchado los domingos, de 12 a 6 de la tarde y días feriados, cantos en lengua africana acom-pañados con tambores, guayo y cencerros.

Fueron entrevistadas en el proceso varias asociadas, como Nazaria Méndez, de 23 años, modista y natural de Bo-londrón; quien confirmó que *[...] en efecto es cierto que en algunos de esos bailes le ha bajado el santo a algunas de las asociadas pasándosele seguidamente».*

La asociada Feliciana Maza, de 19 años, declaró que *[...] algunas veces se canta en lengua africana y que ha visto durante el baile a algunas de las que forman parte en el mis-mo que les da el santo, lo que se demuestra como un ataque nervioso, que se les pasa cubriéndolas con un paño».*

Asimismo Concepción Aldama, de 17 años, declaró que «se *cantaba en una lengua para ella desconocida que se le decía era lucumí; que en efecto en alguna ocasión presen-ció que a varias de las mujeres que participaban en el baile les daba como un ataque de nervios que es conocido con el nombre de bajar el santo, que en seguida se les quita, aunque no ha visto la forma en que se hace».*

Magdalena Isasi Marre, de 21 años, natural de Matan-zas, refiere que los cabildos se efectuaban *[...] con guayos y panderetas cantándose en lucumí las oraciones o plegarias;*

que en algunas ocasiones ha visto que le ha bajado el santo a alguna mujer de las que toman parte en el culto».

En ese expediente judicial constan 60 licencias para celebrar «fiesta africana» concedidas por las autoridades, cuyas fechas extremas son desde el 21 de febrero de 1908 al 6 de agosto de 1909. Es importante saber que dichos permisos eran para celebrar fiestas los días 7 y 8 de septiembre, el 4 de diciembre y el 13 de junio, en los cuales se honra a Ochún y Yemayá, Changó y Elegguá respectivamente.

El 27 de diciembre de 1939 se constituyó la asociación Virgen de Regla que estaba en la calle Pastora 264 entre Ciclón y Toscano, en Santa Clara. Su título oficial era «Sociedad de instrucción, recreo y socorro de africanos y sus hijos la Virgen de Regla». Fue su presidente fundador Rafael Gattorno.[38]

En octubre de 1943 ciudadanos anónimos escribieron al jefe del gobierno provincial refiriendo: *«Que vivimos en la cuadra donde radica el centro espírita Nuestra Señora de Regla, y como ese centro no desenvuelve sus actividades en el sentido espiritual, toda vez que no se puede vivir ya que los que aparecen como jefes de dicho centro sólo se dedican a dar bembés, muchas veces están dos y tres días seguidos».*

En el reglamento de esta asociación se establecía como días de fiestas obligatorias los de Santa Bárbara «4 de diciembre», el de San Antonio «13 de junio», el de la Virgen de Regla «8 de septiembre» y el de San Lázaro «17 de diciembre», es decir, los correspondientes a los orichas Changó, Elegguá, Yemayá y Babalú Ayé.

---

[38] ANC Registro de Asociaciones. Legajo 113 expediente 1357.

En 1966 el secretario de la asociación, Osvaldo Verdecia, solicitó y le fue conferido un permiso para fiesta velorio con toque africano los días 7 y 8 de septiembre desde las 4 de la tarde hasta las 12 de la noche en la sede de la sociedad. Es evidente que se trataba de una fiesta religiosa de carácter pagano y que estaba dedicada a Yemayá.

El 15 de febrero de 1973 el MININT calificaba en documento oficial a esta sociedad como «sociedad santera Virgen de Regla». En 1974 contaba con 23 miembros, entre ellos una fundadora. Finalmente el 24 de julio de 1978 se solicitó la disolución de la misma.

El 5 de diciembre de 1926 se fundó en el Santuario de Regla la congregación Nuestra Señora de Regla. Su reglamento original tenía 14 capítulos, 55 artículos y 8 disposiciones finales. Su objetivo era: *«Extender por todos los ámbitos de la República la devoción a la Virgen de Regla, Patrona del pueblo de su nombre y de la bahía de La Habana, organizando todas aquellas fiestas que sean necesarias y que deberán efectuarse en el Santuario que existe hace siglos erigido en el pueblo de Regla».* [39]

Su directiva estaba formada por una presidente y dos vices, una celadora general y dos auxiliares, una secretaria y dos vices, y una tesorera y dos vices y 24 vocales. Entre las condiciones requeridas para ser miembro de la congregación, estaba la de *«ser devotos de la Virgen de Regla, estar bautizadas, sean católicas y romanas y de buena moralidad y costumbres».*

Llama la atención que en ese mismo año de 1926 el cargo de celadora de la virgen lo desempeñaba Francisca

---

[39] ANC Registro de Asociaciones Legajo 375 expediente 11356

Cárdenas, conocida popularmente por Panchita, legendaria santera de Regla, en parte de cuya residencia actualmente hay un altar dedicado a la Virgen de Regla abierto al público, que es muy visitado por los devotos. Era responsabilidad de la celadora general, según el artículo 27 del Reglamento de la congregación, «la obligación de cuidar del altar de Nuestra Señora de Regla y por lo tanto que esté limpio y como se merece la patrona del pueblo de Regla, y de La Habana, para lo cual procurará estar siempre de acuerdo con el director de esta congregación», que era el párroco.

En 1927 Francisca Cárdenas era celadora general y aparecía como una de sus auxiliares Josefa Herrera, la famosa santera hija del babalao africano ño Remigio, y a cuyo cabildo nos hemos referido.

Ya en 1932 se sustituye el término de celadora por el de camarera, que seguía siendo Panchita Cárdenas. La junta directiva debía *procurar extender por todos los medios a su alcance la mayor devoción a la Virgen de Regla y el mayor esplendor en las festividades y ceremonias que celebre esta congregación». Figuraba también entre sus funciones "celebrar todos los días 8 de cada mes una pequeña fiesta a la Virgen de Regla, con una misa cantada de un ministro por lo menos; confesando y comulgando en ellas todas las congregadas; y coadyuvar con el director que la gran fiesta y procesión que se celebre todos los días 8 de septiembre de cada año y octava de la Patrona de Regla [...] revista los caracteres de una gran solemnidad de manera que pueda competir con las mejores fiestas de esta índole que se celebran en toda la República".*

5

¿POR QUE YEMAYA?

¿Por qué los cabildos de Pepa y Susana participaban de la celebración católica? ¿Cómo puede explicarse que la celadora de la Virgen de Regla y su auxiliar fueran miembros de una congregación católica y ejercieran tales funciones siendo santeras? ¿Se les permitiría comulgar, como estaba establecido obligatoriamente en el Reglamento de la congregación?

La iglesia, desde sus orígenes, siempre estuvo llamada a evangelizar, y una de sus misiones fue la de convertir a los practicantes de creencias paganas al cristianismo. San Agustín tuvo muchas experiencias de este tipo, aún cuando desempeñó su ministerio en tierras muy hostiles para el culto cristiano; pero demostró que la conversión era posible, y lo logró con sabiduría, prudencia, tolerancia y constante aplicación.

En Cuba para ser liberto era condición saber el idioma del conquistador. El negro perdió su lengua, pero mantuvo sus tradiciones, aferrados a las cuales pudo sostenerse espiritualmente. El negro renunció a todo lo que le era propio, menos a sus dioses, aunque el culto auténtico de éste se adaptó a las nuevas circunstancias económicas y culturales de la isla, pero no perdió su esencia mágico religiosa.

La trata negrera con puertos cubanos procedió de una extensa área costera con más o menos penetración del interior de África occidental. Se ha establecido que dichas regiones abarcaban desde los límites norteños del Senegal, descendiendo por las tierras conocidas entonces por Guinea Superior y Guinea Inferior, pasando por Cabo Verde, Gorea y Sierra Leona hasta llegar a la Costa de los granos, Costa de Marfil, Costa de esclavos... y, aún más al sur, hasta el Camerún, el Congo y Angola. [40]

Los africanos que llegaron a Cuba, como a otras regiones del Caribe y América, fueron desarraigados violentamente de su contexto

En 1501 se autorizó el pase de esclavos a las Indias, sólo entonces para los que estaban criados entre cristianos. [41]

En Cuba bajo distintas formas se trajeron esclavos negros en el siglo XVI:

- En calidad de sirvientes domésticos o para el cultivo de pequeñas haciendas mediante licencias y permisos concedidos a los conquistadores y pobladores.
- Por asiento o contrato con el estado o en pago de servicios.

---

[40] **Los ñáñigos**, por Enrique Sosa. Editorial Casa de Las Américas. La Habana, 1982.

[41] Instrucciones dadas el 16 de noviembre de 1501 por los Reyes católicos por el Comendador Fray Nicolás de Ovando al ser designado Gobernador de La Española.

- Importados por el estado, con el nombre de esclavos del rey, destinados para las obras públicas, fundamentalmente las fortificaciones.
- Por contrabando.

Esta última forma predominó en todas las épocas de la colonia española, hasta que se prohibió legalmente el tráfico de esclavos.

En 1517 a instancia de los padres jerónimos y de fray Bartolomé de Las Casas, se determinó conceder permiso para la introducción de negros africanos con el fin de sustituir a los indígenas.

Por Real Cédula de 1526 se ordena que pasen los negros a Cuba, quedasen en ella y se les acepte la manumisión en metálico después de servir cierto tiempo. Como consecuencia de los derechos concedidos a los esclavos, se originó una población libre que mantuvo en cuidado durante mucho tiempo a los gobernantes de la isla, especialmente los de La Habana.

En 1532 informa el licenciado Vadillo, juez de residencia, que podrían haber en la isla casi 500 negros. Esta probable cifra hubiera aumentado mucho más en años posteriores de no suceder el éxodo de vecinos de las islas caribeñas que inspiró el descubrimiento de la fabulosa riqueza del Perú; ante lo cual la Corona Española desatendió notablemente a Cuba.

No es sino hasta los últimos años del siglo XVI que se observa cierta prosperidad debido a la mayor atención del gobierno español, en especial el interés mostrado por el gobernador Juan Maldonado Barnuevo.

No se conoce con precisión el número de negros existentes en La Habana en el siglo XVI, pero sí se sabe que fue un número menor que el que había en la región central y oriental del país, debido a que en estas regiones la vida económica era más activa, sobre todo en la minería y el cultivo de haciendas.

Se tienen noticias de la existencia, en este mismo siglo XVI, de los negros horros radicados en La Habana, a los que en 1550 les fue señalado un sitio donde vivir y tener sus labranzas en Quisicuaba, lugar que corresponde a lo que después se conoció por los Sitios de San José. Es en estos negros, que gozaban de cierta independencia, que se observan las primeras manifestaciones de continuidad de las costumbres y creencias autóctonas africanas. Ellos solían agruparse y hacer cantos y bailes a su modo. Con fecha posterior a 1550 se les señaló otro sitio donde se recogieran, y se les mercedó muchos solares para que fabricaran sus casas en la localidad que hoy corresponde al actual barrio del Cristo, con el fin de tenerlos más cercanos a la villa y mejor controlados. También acordó el Cabildo nombrar un alguacil para ellos y hacer así más efectiva la inspección de su conducta y fuesen representados en sus peticiones y pleitos.

Los horros por el siglo XVI alcanzaron el nivel de vecinos, pero su situación real era inferior. Representaban para la economía un elemento importante, pues poseían tabernas, hospedajes y fondas; y las mujeres eran lavanderas y vendedoras ambulantes. Hacia finales de este siglo el 60% de la población era negra.

En las escrituras de compraventa de La Habana de 1579 al 1588 se pueden distinguir Jerofes, Mandingas, bañoles, biafaras, bihos, bran, nalús, zapés, terranova, carabalíes, zambas, congos, angolas y mozambiques, lo cual demuestra la diversidad de etnias africanas coincidentes existentes en la Isla.[42]

En 1774, según cifras recogidas por el historiador Ramón de la Sagra, el censo arrojó una población total de 170 756 personas, de las cuales 95 576 eran blancas y 75 180 negros. Algo más de medio siglo después, en 1841, el censo registró la cifra de 418 261 blancos y 589 333 negros. La superioridad de los negros se hace notable. De esta fecha hasta 1855 aumenta la población de color con respecto a la blanca para descender luego rápidamente en los años sucesivos.

Desde finales del siglo XVIII y durante buena parte del XIX la introducción de esclavos africanos a Cuba se hizo intensa por el auge de la industria azucarera, por lo cual grandes masa de esclavos se destinaban a las haciendas. Precisamente los ingenios se fundaron bajo la advocación de santos protectores. En 1763 había tres ingenios denominados Virgen de Regla, y así como los ingenios, también los cañaverales tenían su santo patrón. Luego, hacia finales de ese siglo, cuando los sacarócratas cubanos entraron en conflicto con la iglesia debido a una toma de conciencia revolucionaria de tipo burguesa contra las estructuras feudales, los hacendados eliminaron los nombres de los santos patronos que llevaban sus ingenios.

Puede afirmarse que hasta la primera mitad del siglo XVIII, el templo fue un elemento típico de la edificación del ingenio. Eran capillas erigidas con permisos especiales del obispo, y fueron atendidas sistemáticamente por un capellán que ejecutaba los oficios religiosos. Las leyes de Indias y los

---

[42] **Cuba: Economía y Sociedad**, por Leví Marrero. Madrid, 1978. Tomo 2 pag. 267

Bandos de buen gobierno, exigían a los hacendados y dueños en general de esclavos su asistencia a misa todos los domingos y días de precepto, su bautismo, adoctrinamiento religioso, confesión, comunión y otros sacramentos.

Moreno Fraginals resume así este interesante proceso:

[...] perdido cada vez más el sentimiento religioso en los productores, las iglesias van desapareciendo de los ingenios. Es un proceso de laicismo azucarero que se inicia hacia finales del siglo XVIII y culmina con la introducción de la máquina de vapor de 1820. Como síntesis de todo el proceso descrito podemos señalar en la historia de las capillas de ingenios tres etapas. En la primera se fundan con permiso y beneplácito del obispado. En la segunda etapa –boom de fin de siglo– los azucareros tienen interés en fundar las capillas para liberarse de la parroquial de distrito y cerrar totalmente su organización azucarera. En esta etapa la iglesia comienza a presentar resistencia a las concesiones y los azucareros piden el permiso a la corona. Por último hay una tercera etapa en la que el rey concede, por real orden de 21 de marzo de 1800, el permiso para edificar las capillas en los ingenios. Y es precisamente cuando dejan de construirse pues los asuntos religiosos interesaban cada vez menos a los productores». [43]

No sólo los hacendados se mostraban despreocupados en el cumplimiento de la enseñanza religiosa que debían proporcionarle a sus siervos, sino los propios capellanes, quienes, según el presbítero Antonio Nicolás Duque de Estrada, procuraban una posición aventajada que los liberara de la penuria, más que interesarse por la evangelización. Este autor considera fracasada la tentativa de evangelizar a los negros luego de

---

[43] **El ingenio**, por Manuel Moreno Fraginals. Editorial Ciencias Sociales. La Habana, 1978. pag. 116

una larga y extenuante faena, de noche y en un idioma desconocido.

En realidad ningún factor estuvo empeñado en que los negros se convirtieran sinceramente al cristianismo.

Todo el asunto fue tratado con mera formalidad tanto por las autoridades civiles como religiosas, salvo algunas excepciones, porque el negro, a fin de cuentas, era considerado fuerza de trabajo, no una creatura de Dios.

En tales condiciones la religión católica jamás enraizó en las haciendas, y ello propició que el negro perpetuara sus autóctonas tradiciones encubiertas con elementos del catolicismo; por lo cual las deidades africanas:

[...] se asomaron a los bateyes cuando reunida la dotación explotaba el contenido furor de los tambores. Agrupados en un solo y aniquilador trabajo hombres de las más diversas culturas, juntos por fatalidad histórica, pero con distintos idiomas, concepciones religiosas, expresiones musicales y todos con un mismo terror y una misma ansia de liberación, el batey fue como un templo demoníaco donde se iniciaba una misma creencia. La religión con dioses blancos y dioses negros, con rezos católicos al compás de tambores». [44]

El africano, tan gregario en Cuba como en África, continuó sus tradiciones manteniendo la cohesión social y espiritual que había tenido en su país de origen. Es por esta razón que los negros se afiliaron, constituyendo así las sociedades secretas y cofradías tan numerosas en el siglo XVII, pero tan antiguas casi como la presencia del hombre. Fue así como

---

[44] Moreno Fraginals. ob. cit. pag. 126

65

vinieron a Cuba colectividades enteras y hasta sociedades secretas creadas en África, y continuaron reunidas aquí «cuando se reglamentaron» en forma de cabildos.

Los cabildos de negros datan de más de cien años antes del descubrimiento de América. Los había en Sevilla, donde se les permitía hacer bailes y fiestas en los días feriados. Precisamente la organización del cabildo de nación cubano se hizo al estilo de las existentes en España.

Donde primero los cabildos fijaron sus casas fue en el casco de La Habana antigua; pero en 1772, por disposición de las autoridades, fueron echados a las orillas de la ciudad, junto a las murallas, específicamente desde la puerta antigua de La Tenaza hasta la de La Punta, exceptuando el frente de la Puerta de Tierra. Años después los cabildos fueron aún más controlados, y en 1842 se dispuso que funcionaran sólo los domingos y los días de fiesta de guardar.

A medida que se abrieron las murallas, los cabildos se fueron alejando de la ciudad porque no se toleraban sus ruidos.

Al principio los cabildos llevaban sus fetiches en sus comparsas a propósito de las procesiones motivadas por las festividades religiosas en la ciudad. Pero esto fue prohibido muy pronto. Los negros entonces pintaron el fetiche en la bandera de su cabildo, junto al de la imagen del santo católico, en el cual identificaron las propiedades del fetiche.

A pesar de ello, las autoridades eclesiásticas se mostraron interesadas en evangelizar a los negros, pues según una carta dirigida al rey de España por el obispo de la isla, se da cuenta *de los medios que ha puesto para consuelo espiritual de los negros de La Habana»* disponiendo que en los 21 cabildos existentes se enseñase doctrina e imágenes cristianas para *"que estas 21 casas que hasta ahora han servido al demonio, se convirtiesen en templo de Dios vivo [...]".*[45]

Aunque en otras ocasiones se insistió en lo mismo, fue inútil. Este tipo de creencia, con el tiempo, no sólo fue exclusiva de negros, sino también de blancos criollos, y no estuvo ni siquiera al alcance de la iglesia evitar los cultos que empezarían a dejar de ser eminentemente africanos, pues iban adquiriendo rasgos peculiares, según se consolidaba nuestra nacionalidad y cultura.

Se sabe de la intensa participación de negros esclavos y libertos en las populares fiestas del 6 de enero o Día de Reyes, antes de salir a las cuales se veneraba a los muertos. Luego salían a las calles los cabildos con los diablitos a la cabeza de las procesiones por Mercaderes, Oficios, O' Reilly y San Ignacio en festivas comparsas que se dirigían a la Plaza de Armas para saludar al Capitán General. Entonces:

«Los yorubas, los lucumís de nuestra tierra, no menos desdeñosos que los mandingas, cantaban su fiereza antes de lanzarse a las calles. El babalao empuñaba el anaquillé –la destral sagrada de África–. Y dando hachazos al espacio, hacía que descendiese a él Changó, el Rey del Koso, más potente que todas las criaturas del cielo, inspirándose para pronunciar los oráculos y dictar las decisiones de la estirpe [...]. Se producían las licantropias. Rugían las fieras en los hombres; los leopardos arañaban la tierra y se disponían al hecho de sangre [...] Otros años se verificaba, por Changó y por Yemayá, la grandiosa festividad del incesto sagrado, en actos orgiásticos... Tras estos arrebatos vedados a los profanos,

---

[45] Enrique Sosa. ob. cit. pag. 245

los lucumíes salían en comparsa, ensayando todavía el paso de la fiera que imitaba en sus danzas, los movimientos del rito nefando, el blandir de las hachas sagradas, en tanto los bufones se burlaban de los reyes, de los cabildos y de los señores blancos».[46]

Las procesiones eran oportunas ocasiones en que los negros evocaban sus atávicas creencias, conocidas y toleradas por las autoridades. Las mujeres desempeñaron en ellas un papel destacado, pero tal vez indecoroso, pues en 1569 se advertía por pregón:

[...] que ninguna mujer negra vaya a la procesión del Jueves Santo disciplinándose entre los hombres, so pena que la echaran públicamente de la procesión e mas de diez dias de carcel».[47]

También el Sínodo de 1689 reguló las procesiones, prohibiendo que en ellas:

«Y en especial en la festividad del Corpus salgan balsas de mujeres, sino que las que hubieren de salir sean de hombres y estas, honestas y con trajes decentes que se requieren en la celebridad de una fiesta no es justo que en ellas se le de ocasion al [...] y pecados debajo de la pena de excomunion mayor».[48]

Es notable que las festividades religiosas en La Habana tendieran a convertirse en diversiones populares proclives a la irreverencia. Era ocasión de celebrarse:

---

[46] El Día de Reyes hace cien años en La Habana". En: **Papeles Cubanos, por Juan Luis Martín. La Habana, 1945.**

[47] Leví Marrero. ob. cit. Tomo 2   pag. 368

[48] Leví Marrero   ob. cit   Tomo 2   pag. 367

[..] representaciones teatrales, mascaradas, altares, bailes y aún visitas sospechosas a las iglesias en horas de la noche». [49]

Por otra parte, la presencia de los negros en estas celebraciones del día del Corpus es muy antigua en La Habana, como lo confirma un acuerdo del cabildo de 3 de abril de 1573 donde se exhorta a que diversos vecinos participen de ellas, y a:

[...] que los negros horros se junten a ayudar a la dicha fiesta [...]. [50]

Es incuestionable que el negro urbano tuvo una considerable participación en la vida social de la colonia, hasta el punto de que figura como un ente típico de la ciudad. Esta relación estrecha del negro con la vida cotidiana, contribuyó a que sus actividades se proyectaran cada vez más socialmente, y que él adquiriese un espacio mayor y más importante en la sociedad. Ello lo convierte en un factor determinante en la conformación de la personalidad del pueblo cubano, pues sus costumbres, hábitos y tradiciones se insertaron como un elemento más de nuestra cultura. Su modo de percibir el mundo, su cosmovisión, pasó a ser un componente filosófico con el cual se asume e interpreta la vida; y no puede olvidarse que el cristianismo que nos llegó de España, marcado profundamente por las concepciones religiosas feudales, tenia un alto com-

---

[49] Leví Marrero ob. cit, Tomo 2 pag. 369

[50] Actas Capitulares del Cabildo de La Habana. Cabildo de 3 de abril de 1573.

69

ponente supersticioso que no debe ser ignorado en el análisis sicosocial del cubano.

Pero el negro no sólo llegó a ocupar un espacio en la sociedad civil, sino también en la iglesia. Por ejemplo, hacia finales del siglo XVI los africanos eran enterrados en la iglesia parroquial de La Habana. Se conoce, además, que desde la segunda mitad del siglo XVII era costumbre que la población negra se reuniera en la iglesia del Espíritu Santo, donde se concentraban muchos negros y negras esclavos y horros. En los días de fiesta, por la tarde, los negros acudían a bailar a la plazoleta que había frente a esa iglesia con licencia del obispo y del gobernador, con lo cual se recogía limosna para celebrar misas a sus difuntos y contribuir con el adorno y servicio del Santísimo Sacramento.

Algunos obispos de la iglesia cubana le hicieron saber a los dueños de esclavos su obligación de evangelizarlos para su conversión cristiana, como lo confirma un edicto de 27 de abril de 1674 del obispo Díaz Vara Calderón, en un fragmento del cual se ordenaba que:

«Dentro de ocho dias presentasen memoria de los esclavos que tenian para que se le mandasen a acudir [...] para instruirlos en la doctrina cristiana».

El obispo Vara Calderón prohibió a los hacendados que sus siervos trabajaran los domingos y días de fiesta. Pero si el hacendado acataba esa disposición, el negro prefería trabajar en su conuco que ir a la iglesia; porque el conuco era suyo y su atención podía propiciarle su ahorramiento. Además, el negro de la dotación entendía que él no tenía que ir a buscar nada a la iglesia, ya que su templo era el monte y sus fetiches los conservaba en el barracón.

Naturalmente los esclavistas no encontraban beneficios prácticos en la evangelización de sus esclavos. Evangelizar significaba extraerle tiempo a las largas e indispensables jornadas laborales que le reportaban grandes ganancias. Además, a los hacendados no les convenía la unidad religiosa de sus esclavos, sino que estos conservaran su división a través de las diferencias étnicas, lingüísticas y religiosas para evitar la cohesión necesaria que se requería en las sublevaciones de sus dotaciones, a pesar de que el dogma cristiano, tal como se predicaba en la colonia, justificaba la esclavitud como una condición social salvífica.

Hay otra causa, no siempre mencionada al reflexionar sobre estos asuntos, sobre los factores que incidieron en la formación de la religión pagana cubana. Y es que, vinculados a la iglesia, los negros africanos y sus descendientes, hallaron elementos que les propiciaron conservar sus tradiciones.

Y es que el tipo de catolicismo traído a Cuba y practicado aquí, favorecía el paganismo. Ese catolicismo que nos llegó tenía fuertes rasgos feudales sostenidos por mitos y supersticiones que admitía las creencias en brujos y duendes. Es un catolicismo que, más que proyectarse en términos de perfeccionamiento espiritual y salvación del alma, se fundamenta en elementos muy fácilmente accesibles a las masas populares mediante un fuerte contacto mágico con lo sobrenatural a través de peticiones y promesas que surgen de necesidades terrenales, para lo cual se solicita la intercesión de santos y vírgenes y de objetos.

De ahí que imágenes, estampas, rosarios, escapularios, exvotos, peregrinaciones y procesiones fueran incorporados a los cultos afrorreligiosos.

Esas circunstancias históricas fueron favorables para que se gestaran los cultos afrorreligiosos cubanos mediante la identificación de deidades y otros elementos paganos con imágenes y elementos del culto católicos. Y sólo así puede ser comprendido el culto popular a la Virgen de Regla–Yemayá. Como resultado de la inmigración forzosa, coincidieron en nuestra isla esclavos procedentes de numerosas naciones africanas. Entre ellos se distinguieron los yorubas, cuya cultura se impuso y fue asimilada por gran parte de los africanos y sus descendientes aquí. Grandes masas de yorubas llegaron a la isla durante la primera mitad del siglo XIX, momento muy importante en la formación de rasgos definitorios de la nacionalidad y la cultura cubana.

Es presumible que la identificación de Yemayá con la Virgen de Regla se haya producido con la introducción de este culto por los Egbá, y que se haya difundido especialmente en La Habana por la amplia devoción de aquella virgen. La tradición oral y los testimonios historiográficos nos permiten sostener esa tesis. La existencia de cabildos de nación denominados Virgen de Regla, nos permite suponer la supervivencia de rituales en esas organizaciones, donde se gestó la identificación de aquella deidad yoruba con la advocación católica correspondiente, y se conservó el culto del orisha disimulado.

La correspondencia entre Yemayá y la Virgen de Regla se explica por la tradición marinera que acompaña al culto y la devoción de ambas.

La identificación de Yemayá con la Virgen de Regla fue el resultado de un proceso paulatino, que sólo puede ser explicado y comprendido considerando las condiciones económicas, sociales y culturales que caracterizaron al período colonial español.

Ese proceso, que con acierto Fernando Ortíz calificó de transculturación, no debe ser analizado al margen de un fenómeno social más diverso y complejo, que fue el de la formación de la cubanidad, y, por tanto, de un nuevo y auténtico modo de ser y de actuar de todo un pueblo, en cuya vasta expresión figuraron las modalidades religiosas cubanas.

Durante años Regla fue adquiriendo su carácter de pueblo legendario, en lo cual desempeñó un papel muy importante la existencia de su Santuario y el culto de su virgen titular, cuya devoción se manifestó siempre los días ocho de cada mes, especialmente en septiembre, desde la primera mitad del siglo XVIII. Estas celebraciones religiosas adquirían relevancia social, sobre todo de índole popular, y en ellas se festejaba tanto a la Virgen de Regla como a su equivalente pagana, Yemayá.

Otros factores que han contribuido a que Regla adquiriese un carácter legendario, son los cabildos de Pepa y de Susana, que salían durante las festividades de la Virgen; así como la existencia de famosos santeros de Regla, como Marcela Cárdenas «Panchita», una parte de cuya casa–culto se abre al público todos los días y es un lugar sagrado para muchos devotos de la Virgen de Regla–Yemayá. Cuando nos referimos a los devotos de la Virgen de Regla–Yemayá, pretendemos incluir a quienes reconocen esta dualidad católico–pagana como una misma identidad religiosa.

Las tradicionales fiestas de la Virgen de Regla han sido la más alta expresión del carácter mítico y legendario de ese pueblo, las aguas que llegan a cuyas orillas son consideradas, para algunos, sagradas.

El notable novelista cubano Alejo Carpentier calificó a Regla de ciudad mágica. Y esa magia es imperecedera porque vive en las tradiciones de un pueblo que jamás se permite perder lo que sus generaciones han forjado, y con lo cual se identifica.

Actualmente el culto de Yemayá se ha extendido por todo el país con el boom religioso de los noventa, pero sigue siendo intenso en zonas de Matanzas y La Habana. Con San Lázaro, Nuestra Señora de La Merced, La Caridad del Cobre y Santa Bárbara, la Virgen de Regla figura entre una de las advocaciones católicas más veneradas en Cuba, razón por la cual su Santuario es visitado durante todo el año por personas procedentes de todas las regiones de la isla y del mundo.

Al desaparecer las sociedades africanistas en Cuba durante la década de los años 70 del presente siglo, el culto de Yemayá ha continuado existiendo en las casas-culto donde se practica la Regla de Ocha, en las cuales se ejerce el sacerdocio y se realizan todas las funciones religiosas que se han conservado. La manifestación pública de estos cultos, tiene lugar en las celebraciones religiosas organizadas en dichas casas, donde se reúnen santeros y creyentes y se oye aún el toque de los batá entre cantos de contagiosa sonoridad.

6

YEMAYÁ

En África hubo culto a Yemayá en una región situada entre Ifé e Ibadan, en la actual Nigeria. Este culto era practicado por los Egbá de la nación de los yorubas. Las guerras entre las naciones de los yorubas obligaron a los Egbá a emigrar hacia el Oeste, es decir, para Abeokutá en los inicios del siglo XIX. Los Egbá llevaron consigo los objetos sagrados de la divinidad de los ríos y afluentes, y llegarían a Cuba, como también a Brasil, originando así el culto de esta deidad en ambos países, que adoptó formas diferentes.

En África el orisha tenía un carácter familiar; pero cuando el africano pasó a tierras de América, sus condiciones de vida como esclavo desarraigado determinó que el culto a los orishas adquiriese un carácter individual.

Según se ha explicado, en Cuba Yemayá fue identificada con la Virgen de Regla por su tradición marinera, ya que es patrona de navegantes y pescadores.

El nombre de Yemayá «Yemoja para los yorubas» quiere decir madre de los peces: yeyé «madre», eja «pez», y es considerada como una deidad eminentemente maternal, según lo fundamenta la mitología africana.

Cuentan que de la unión de Obatalá «el cielo» y Odudua «la tierra» nacieron dos hijos: Aggayú «o tierra firme» y Yemayá «las aguas». Yemayá se casó con este hermano suyo y dio a luz un hijo llamado Orugán, nombre compuesto de orum «cielo» y gan «ser alto, lo alto del cielo». Esto, según Ellis[51] , parece corresponder al khekheme, es decir, región del aire libre, de acuerdo con la cosmogonía de los Ewe, y viene a significar el espacio que hay entre el cielo y la tierra: la atmósfera.

Lo cierto es que Orugán se anamoró vehementemente de su madre, y como ella lo rehusó, él resolvió un día aprovechar la ausencia del padre y la violó. Yemayá huyó descontrolada, lamentándose y con los brazos en alto. Orugán la persiguió tratando de calmarla, pero Yemayá no accedía a sus ruegos ni proposiciones. Cuando Orugán estaba próximo a agarrarla, ella cayó al suelo y comenzó a hincharse desmesuradamente. El hijo, desconcertado, vio como de los senos de Yemayá brotaron dos torrentes de agua mientras su vientre se reventaba. Los torrentes se encontraron y formaron una laguna, y de sus entrañas abiertas surgieron los orishas Dadá «de la vegetación», Changó «del trueno», Oggún «del hierro y de la guerra», Olukún «del mar», Olosá «de los lagos», Oyá «del río Níger», Ochún «del río Ochún», Oba «del río Oba», Oko «de la agricultura», Ochosi «de los cazadores», Oké «de las montañas», Ajá Chaluga «de la salud», Orum «el sol», Osun «la luna» y Xapaña. En memoria de este hecho mitológico fue construida una ciudad a la que llamaron Ifé, ciudad sagrada de los yorubas, en el mismo sitio donde Yemayá cayera y su

---

[51] **María e Iemanjá: analise de um sincretismo**, por Pedro Iwashita. Ediciones Paulinas. Sao Paolo, 1991 pag, 51.

vientre se reventara. Se dice que este lugar era mostrado hasta 1882, momento en que Ifé fue destruida por la guerra que sostuvo contra Ibadan y Modakeke.

En nuestro país el incesto de Yemayá es ejecutado por su hijo Oggún, razón por la cual él tiene que abandonar la casa e irse al monte a vivir para siempre. Otras versiones recogen que la violación de Yemayá fue realizada por Changó.

Yemayá no sólo es madre de los orishas, sino también madre de los hombres. La leyenda de Yemayá en el río Nilo lo demuestra. Y cuenta que en el comienzo de la vida, un hombre fue enviado al mundo por la luna, pero él vivía solo y triste. Cierta vez vio salir de las aguas del río a una mujer muy hermosa llamada Yemayá, por la cual se apasionó y la llevó consigo. De esta unión nacieron muchos y bellos hijos que poblaron el valle del Nilo, y se dirigían hacia el sur formando el corazón de África y poblando el mundo.

Como buena madre, Yemayá es también la que nutre a sus hijos, por lo que se le pide una buena pesca. Según la leyenda, Yemayá se le apareció a un pescador acompañada de un sin número de peces grandes y pequeños. El pescador, que estaba triste porque no podía pescar en abundancia, le preguntó quién era, y ella le respondió: «*Soy Yemayá, Señora de las aguas*».

Además de ser maternalmente protectora, Yemayá es fuente de donde brota la vida, pues su nombre significa agua. Pero al mismo tiempo ella puede ser vengativa, devoradora y causa de muerte, como lo cuentan muchas anécdotas de pescadores que murieron en el mar y fueron fascinados y amados mortalmente por ella.[52]

---

[52] Pedro Iwashita. ob. cit. pag. 63-70

En África Yemayá era representada por una figura femenina, de color amarillo, vestida de blanco y llevando collares azules. Esta deidad ha sido invocada por lo menos con treinta cuatro nombres, de acuerdo con los más conocidos investigadores del tema, entre ellos Lydia Cabrera, quien en Cuba halló siete denominaciones, pero advierte que hay una sola Yemayá, y que su diversidad de nombres indican los siete caminos o avatares, que son:

- Yemayá Awoyó
- Yemayá Oketé «Oguté. Okutí o Kubini»
- Yemayá Mayaleo o Mayalewo
- Yemayá Ayaba o Achabá
- Yemayá Konlé
- Yemayá Akuara
- Yemayá Asesú.

No hay dudas de que en Cuba fueron los yorubas quienes trajeron no sólo la religión predominante, sino también el culto de Yemayá. Según Ortíz había determinadas razones para que la cultura yoruba englobara a las demás. Esas razones eran el considerable número de esclavos de este tipo introducidos en Cuba, el mayor progreso de su tecnología comparada con las demás en África, la fuerza expansiva de los yorubas, la gran densidad de su población y difusión de su lengua.

Arthur Ramos comenta la gran semejanza existente entre los cultos afrocubanos y afrobrasileros, y refiere que:

[...] la teología de los afrocubanos está calcada casi fielmente a la de los yorubas [...]. Es curioso notar la casi perfecta

superposición de los nombres de divinidades y descripciones de cultos mágicas en Cuba y en Brasil según paralelos hechos entre las investigaciones de Fernando Ortíz y Nina Rodríguez [...]. Mas es un hecho comprobado que la religión yoruba presenta mayor riqueza en Brasil que en Cuba. Esto se explicaría, según Willian Vascon, por el hecho de que los brasileros fueron enviados a África, específicamente a Lagos, para estudiar la religión yoruba. Esto es confirmado por Pierre Vergel, el cual declara que esta mayor pureza puede provenir de las relaciones que subsistieron entre el Brasil de una parte, Nigeria y Dahomey de otra. Ese contacto perduró después de la esclavitud».[53]

Aunque Yemayá, originariamente, era deidad de los ríos y afluentes, tanto en Cuba como en Brasil fue asociada al mar.

Yemayá también representa el juicio y la razón. Es sabia, altanera y presuntuosa. Ríe segura de sí misma, pero cría a sus hijos «con absoluto rigor de madre», por quienes lo sacrifica todo. A veces ella se muestra temible y muy celosa. Sus sayas tienen siete vuelos, bajo la cual protege a sus hijos.

Cuando se le monta a un creyente, este baila moviendo las faldas como si estuviera separando algo. En realidad su baile es vivaz y ondulante. En ocasiones esta danza es tempestuosa; otras veces calmadas y sensuales, como aspectos característicos del mar, de cuya inmensidad es dueña. Su emblema es la media luna, el ancla y el sol de plata o metal blanco.

---

[53] Pedro Iwashita. ob. cit. pag. 36-37

Según Natalia Bolívar *«Fue mujer de Babalú Ayé, de Agayú, de Orula y de Oggún. Le gusta cazar y manejar el machete. Sus castigos son duros y su cólera es terrible pero justiciera. Su nombre no puede ser pronunciado por quien la tenga asentada, sin antes tocar la tierra con la yema de los dedos y besar en ellas la huella del polvo».*[54]

En el sistema adivinatorio del caracol, Yemayá habla en Oddí «7». Su día es el sábado y sus colores el azul y el blanco. Su sopera es coloreada de azul y blanco con florones y contiene un salvavidas, siete piedras recogidas en la orilla del mar y abanicos con caracoles. Sus collares están formados por siete cuentas de cristal transparentes y azules. Sus animales son el pato, la paloma, la jicotea, el guineo, el carnero, el gallo, la gallina, el ganso y el loro.

Yemayá castiga el vientre y mata con agua dulce o salada, y etica con la lluvia o la humedad.

En la casa de sus hijos no debe sorprender ver un pato hembra andar libremente o un curioso loro observador y parlanchín.

Uno de los caminos de Yemayá es Olokún, que vive en el fondo del mar atado a una cadena, y a quien nadie puede ver, pues le puede ocurrir la muerte en el instante. Sólo se le ve en sueños, con la cara cubierta con una careta de rayas azules y blancas.

Yemayá, según se ha dicho, es una y múltiple a la vez, de acuerdo con sus caminos, como Yemayá Awayó, que es la

---

[54] **Los orishas en Cuba**, por Natalia Bolívar. Editorial Unión. La Habana, 1990 pag. 91-98

mayor de ellas, la de más ricos vestidos, la madre protectora, la mujer perfecta que está en la mar profunda.

También Yemayá Akuara, que vive en la confluencia de un río y es bailadora y alegre, pero recta y no hace maleficios.

Yemayá Okuté, la que está en los arrecifes de la costa y que es mujer de Oggún, cuyo trato duro y macho la llevó a serle infiel. Esta Yemayá es experta en hacer hechicerías.

Yemayá Achabá, de fuerte mirar, que tiene la particularidad de escuchar de perfil o de espaldas, varonil y violenta, y que fue mujer de Orula, unión que duró muy poco porque Yemayá sabía demasiado e Ifá no quería mujer que supiera más que él. Fue mujer también de Babalú Ayé, de Agayú, con quien engendró a Changó, y de Orisha Oko, el tierno y tímido joven dueño de la agricultura, y con el cual logró aparearse para obtener el secreto del cultivo del ñame para dárselo a Changó, quien pudo así ofrecer un saco lleno de ñames a Obatalá con la condición de que este le entregara los tambores sagrados, y por lo cual Changó se hizo dueño de los batá.

Para saludar a Yemayá los santeros y creyentes en general usan una maraca pintada de azul y blanco, haciéndola sonar. Además, en la casa de los hijos de esta deidad hay un caracol cobo donde vive Elegguá, una pequeña palangana con agua preferentemente de mar a la que se agrega azul añil, caracoles, conchas, barquitos, anclas y otros objetos marinos.

En el canastillero de los hijos de Yemayá sólo se colocan las soperas de Obatalá, Obba, Ochún, Oyá y la de ese mismo orisha; además el cesto de fibras vegetales que contiene a Yewá y el cofre de plata o de nácar de Oddudúa. Fuera del canastillero, entre otras cosas, se coloca la tinaja de barro de Olokún, preferiblemente fuera de la casa o en un sitio que no sea la pieza donde está el canastillero. La tinaja de Olokún no debe abrirse, pues la persona que lo haga corre el riesgo de quedar ciega.

Según algunos un equilibrio armónico parece caracterizar a los hijos de Yemayá. Pero es común la opinión de que sus hijos son nerviosos y apasionados.

Cuando Yemayá aparece en un toque de santo, lo hace como una altanera reina o una madre muy complaciente.

Identificada con Regla de Palo o Mayombe, Yemayá se denomina Madre de Agua, Siete Sayas o Balaunde, donde también se le venera y reconoce como una poderosa deidad que se impone a la naturaleza. Simboliza la unidad del mundo y la maternidad universal.

En Brasil es muy amplio el culto a Yemanjá, la cual es identificada con las siguientes advocaciones católicas de tez blanca: Nuestra Señora de la Candelaria, Nuestra Señora del Carmen, Nuestra Señora de la Piedad y Nuestra Señora de la Concepción.

En la modalidad religiosa brasileña llamada Candomblé, el collar de Yemayá es con cuentas de color azul oscuro, rojas y rosadas. El vestido es del mismo color que las cuentas. Las ofrendas son maíz, paloma, gallo y chivo castrado. La fecha conmemorativa es el 2 de febrero.

En la modalidad religiosa de Ubanda, Yemayá y Oxun Maré (Nuestra Señora Aparecida, Patrona de Brasil) son considerados los mismos orishas y tienen la misma fecha conmemorativa a finales de año. El color de ambas es el azul celeste y el blanco. La simbología cabalística es representada por una media luna. El sábado también en su día.

En Brasil Yemayá es símbolo de la fecundidad y de la reproducción. Su temperamento es agitado, decidido, y, como en Cuba, se la considera vanidosa y parladora. Son sus atributos una espada de plata y un abanico. Se representa con una corona de perlas sobre una media luna, muchas pulseras, collares de perlas y el imbé «franjas de cuentas transparentes sobre el rostro». En cuadros se la representa con cabellos de algas y vestida con una red de pesca.

Con la emigración de cubanos a Estados Unidos de América, el culto de Yemayá se extendió hasta allí, sobre todo a Nueva York, donde Seljam relata haber visto que:

«A media noche del 31 de diciembre de 1966, salí del 125 Street, en el centro de Harlem, en Manhattan, y vi una procesión para el río Hudson, llevando flores que fueron echadas en las aguas en honor a Yemayá. Y así también en Nueva York comienza a ser festejada la dueña de las aguas en las primeras horas del año». [55]

Según el mismo autor, en Washington ocurre un hecho curioso, pues el culto de Yemayá allí fue originado por empleados brasileños.

«Una de ellas, llamada Casilda, abrió una casa culto donde ellos van todas las semanas para bailar y cocinar a los santos. La casa culto funciona en un apartamento, dentro de las horas que se le permite hacer fiestas. De esta casa salen para el Potomac una caravana de blancos y negros, brasileros y

---

[55]Pedro Iwashita. ob. cit. pag 41

americanos, llevando flores para Yemayá, espejos, cintas y perfumes [...]. [56]

Puede decirse también que el culto a Yemayá es intenso en la Florida, especialmente en Miami, donde lo han extendido numerosos santeros de origen cubano. En 1982 se fundó en la Pequeña Habana una ermita de confesión ortodoxa bajo la advocación de Nuestra Señora de Regla.

Según una investigación realizada para la Arquidiócesis de Nueva York, millones de neoyorquinos de origen latinoamericano confunden el propio cristianismo con prácticas supersticiosas, como la santería y el culto del vodú.

En 1991 aproximadamente el 7 u 8 por ciento de los católicos latinoamericanos se entregaban regularmente a esas prácticas.

Por último debemos referirnos a que sería erróneo hablar de una asimilación de Yemayá por María, pues esta es la madre de Dios, que es pura, inmaculada, virgen y santa[...]. En cambio Yemayá es la deidad del mar, madre de los orishas, por lo que no existe compatibilidad entre ambas en el nivel objetivo ni doctrinal. Sin embargo, arquetípicamente la polaridad entre María-Yemayá es aceptable si consideramos que constituyen una manifestación del culto de la gran madre, tales como Afrodita, Isis, Artemis, Démeter y Astarté. [57]

---

[56] Pedro Iwashita. ob. cit. pag 42

[57] Pedro Iwashita ob. cit. pag 41

CONCLUSIONES

El número de esclavos y criollos en la Isla llego a cifras muy altas. Tanto fue así que alarmo a los hacendados que comenzaron a ver en esa gran masa de personas a enemigos potenciales. Su presencia se extendió por todo el territorio en sitios urbanos y rurales, y con ella sus costumbres y tradiciones religiosas, si bien no eminentemente puras, sí mezcladas con elementos del cristianismo. A este fenómeno sociorreligioso se le conoce como transculturación.

El culto de Nuestra Señora de Regla, procedente de España, se originó en Cuba en 1687 en La Habana. Existen evidencias de que en las primeras décadas del siglo XVIII esta advocación de la Virgen era muy venerada, cuyos peregrinos iban a su ermita de diversos y a veces distantes lugares de la Isla.

En 1714, un cuarto de siglo después de haberse fundado su culto, la Virgen de Regla fue declarada Patrona del puerto de La Habana, y en 1804 el obispo Espada erigió la iglesia en parroquia.

La identificación de la Virgen de Regla con Yemaya se produce por el sincretismo religioso en virtud del proceso de transculturación de los nativos africanos llevados a la Isla como fuerza de trabajo, y luego su devoción es practicada por negros y mestizos criollos y parte de la población blanca.

La existencia de los cabildos de Regla de Susana Cantero Y Pepa Herrera, demuestran que las tradiciones de naturaleza sincretica llegaron hasta nuestros días, como parte de la religiosidad popular practicada en Cuba como santería o Regla de Ocha.

Estudiar el culto de la Virgen de Regla-Yemaya permite acercarnos a uno de los fenómenos más auténticos y definitorios de la cultura cubana, como fue el sincretismo religioso de la población en virtud del proceso de transculturación, con las particularidades que tiene en Cuba el culto de esta advocación católica identificada con aquella deidad del panteón yoruba.

BIBLIOGRAFIA

Arrate, José Martin Félix*. Llave del Nuevo mundo, antemural de las Indias occidentales: La Habana descripta: noticias de su fundación, aumentos y estados*. Fondo de cultura económica. México, 1949.

Bolívar, Natalia*. Los orishas en Cuba*. Editorial Unión. La Habana, 1990.

Castillo, Andrés*. La fiesta de la Virgen de Regla*. Revista Carteles. Año 36. No 37.

Conde de Fabraquer*: Imágenes de la virgen aparecidas en España*. Madrid 1956.

Iwashita, Pedro. María e Ienmanja*: analise de um sincretismo*. Ediciones Paulinas. Sao Paolo. 1991.

Marrero, Levy*. Cuba: Economía y sociedad.

Martin, Juan Luis*. Pepeles cubanos. El día de Reyes hace cien años en La Habana. La Habana, 1945.*

Memorias de la Sociedad Económica de Amigos del País. Tomo 11, 1840

Morell de Santa Cruz, Pedro Agustín*. La visita eclesiástica*. Editorial Ciencias Sociales. La Habana, 1985.

Moreno Fraginals, Manuel*. El ingenio*. Editorial Ciencias sociales. La Habana, 1875.

Ortiz, Fernando. *Enayos etnográficos. Los tambores bimembranofonos*. Editorial Ciencias sociales. La Habana, 1984.

Pedroso, Luis Alberto. *La salida de los cabildos: una fiesta publica de Yemaya-Virgen de Regla. Inédito. Museo histórico de Regla.*

Pérez Varela, Ángel. *Breves notas históricas del Santuario de Nuestra Señora de Regla. Folleto. 1967.*

Rodríguez Marín, Federico: *Índice alfabético de comedias y tragedias: cantos populares españoles. Sevilla, 1883.*

Sosa, Enrique. *Los ñáñigos*. Editorial Casa de las Américas. La Habana, 1982.

Vivanco, Idelfonso: *Paseo pintoresco por la Isla de Cuba. «El Santuario de Regla». Empresarios de la litografía del gobierno y Capitanía General. La Habana, 1841.*

Wudemann. John. *Notas sobre Cuba*. Editorial Ciencias sociales. La Habana, 1989.

Archivos consultados

Archivo del Arzobispado de La Habana.

Fondo Parroquias

Archivo general de Indias
Expedientes diarios (1642-1799)

Archivo de la Oficina del Historiador

Actas Capitulares

Archivo del Museo Histórico de Regla

Documentos coloniales

Anexo de Imágenes: La Virgen de Regla, La Habana, Cuba

Foto 1: Altar Mayor del Santuario de Nuestra Señora de Regla.
Cortesía de Laura Capote

Foto 2: Nave central del templo del Santuario de Nuestra Señora de Regla, La Habana, Cuba

Foto 3: Imagen detallada de Nuestra Señora de Regla, La Habana, Cuba
perteneciente al oratorio de la casa de Marcela Cardenas
Foto: Cortesía de Laura Capote

Foto 4: Imagen de Nuetra Señora de Regla perteneciente
al Museo Historico de Regla.
Cortesía de Museo de Regla.

Foto 7: Altar consagrado a La Virgen de Regla perteneciente al
oratorio de la casa de Marcela Cardenas
Cortesía de Adrián Rodríguez Vázquez

Foto 6: Vista lateral detallada del Santuario de Nuestra Señora de
Regla, La Habana, Cuba
Cortesía Armando Nuviola

Foto 5: Vista lateral del Santuario de Nuestra Señora de Regla, La Habana, Cuba

Anexo de Imágenes: La Virgen de Regla en el Mundo

La Virgen de Regla de Chipiona «Cádiz, España». La primera noticia documentada data del año 1399, en la que ya en algunos documentos hace referencia a la existencia de la Virgen y su ermita. Cada 8 de septiembre, la Virgen seguida de miles de personas sale en procesión solemne por las calles de la ciudad.

Santuario de La Virgen de Regla de Chipiona «Cádiz, España»

Convento de San Agustín, Guayaquil, Ecuador fue fundado en 1588, promoviendo diferentes crofadías marianas, entre ella «Nuestra Señora de Regla»

El cabildo de Tenerife, en el barrio de pescadores, denominado Los Llanos «Santa Cruz de Tenerife, Canarias», construyó a fines del siglo XVII la Ermita de Nuestra Señora de Regla

Los Llanos de Aridane «La Palma, Canarias». Fue tanta la devoción que los feligreses mostraban hacia la Virgen de Regla que el 4 de julio de 1860 llegaron los permisos parala construcción de «un altar en la nave del Evangelio» del templo parroquial para que en él se colocase la pequeña imagen de Nuestra Señora de Regla.

Iglesia de Nuestra Señora de Regla, La Habana, Cuba. En una ermita de madera, levantada en el poblado de pescadores conocido con el nombre de Regla, comenzó el culto a la Virgen de Regla en 1687

Santuario diocesano de Nuestra Señora de Regla «Tovar, Venezuela» Francisco José Castillón de Obregón formó en 1709 la comunidad indígena con el nombre de "Nuestra Señora de Regla de Bailadores".

Iglesia Nuestra Señora de Regla «Opón, actual Lapu-Lapu Citty; isla de
Mactán, Cebú». El misionero agustino Francisco Aballe «1694-1759»,
una vez destinado a las Islas Filipinas, consiguió llevar consigo una
pintura de la Virgen de Regla, que instaló hacia 1735

La ciudad de Baní, capital de la provincia de Peravia «República Dominicana», está íntimamente unida a Nuestra Señora de Regla. Más aún, la fundacióndel pueblo mismo de Baní es posterior a la capilla antigua levantada a laVirgen de Regla «1739».

La Virgen de Regla de Huasca do Campo «Hidalgo, México» «1762»

Antioquia « Colombia».La Basílica Menor del Señor de los Milagros es una basílica colombiana de culto católico, el 17 de febrero de 1792 se declara como única y principal patrona a Nuestra Señora de Regla

Miami, EE UU «1982». La Ermita de la Virgen de Regla, fundada en 1982 por el P. Miguel Lobo como una misión hispana en la Catedral

Anexo de Imágenes:
Yemayá

Ño Remigio Herrera Adeshina Obara Meyi fotografiado en 1891.
Única fotografía existente de un sacerdote de Ifá de la diáspora
nacido en África

Foto: Babalao Remigio Herrara, padre de Echubi «Pepa Herrera»
Cortesía Museo de Regla, La Habana, Cuba

Procesión popular el dia 8 de septiembre que festeja a
Nuestra Señora de Regla

Josefa «Pepa»Herrera «Echubi», hija del notable
babalao Remigio Herrera

Foto: Sopera de yemayá y otros atributos de la deidad
Cortesía Museo de Regla.

«Yemayá» Obra del artista Luis Miguel Rodriguez
http://www.arteluismiguel.com/

Otros Titulos del autor

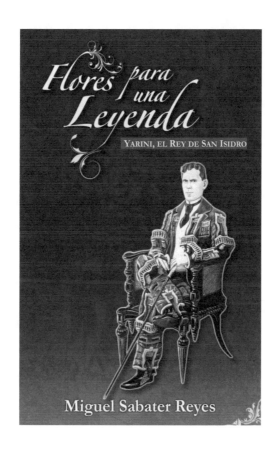

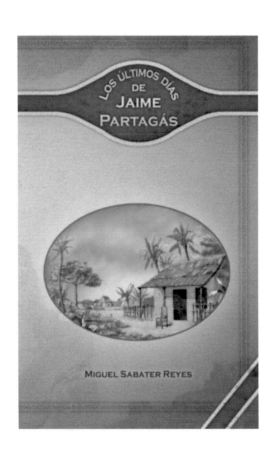

LOS ÚLTIMOS DÍAS DE JAIME PARTAGÁS

MIGUEL SABATER REYES

www.unosotrosculturalproject.com
infoeditorialunosotros@gmail.com

UNOS & OTROS

EDITORIAL